KB236309

NEW STYLE JAPANESE

헌팅 일본어 입문

이우석 저

헌팅 일본어 입문

2010년 6월 30일 초판 1쇄 발행
2013년 2월 15일 초판 2쇄 발행

지은이 | 이우석
펴낸이 | 이종춘
펴낸곳 | 성안당
주　소 | 413-120 경기도 파주시 문발로 112
전　화 | 031-955-0511
팩　스 | 031-955-0510
등　록 | 1973. 2. 1. 제13-12호
홈페이지 | www.cyber.co.kr

ISBN 978-89-315-1758-3 13730
정가 14,000원

이 책을 만든 사람들
기획 총괄 | 조병희
편집디자인 | 박정현
일러스트 | 이지영
홍보 | 박재언
제작 | 구본철

머리말

몇 해 전부터 〈겨울연가〉, 〈대장금〉 등이 도화선이 되어 일본 · 중국 · 대만 · 베트남 등 동아시아에서 불이 붙기 시작한 우리의 문화 '한류(韓流)'는 이제 TV드라마, 영화, 대중가요, 음식, 패션, 스포츠 등 여러 분야에서 그 영역을 넓히며 세계로 번져가고 있습니다.

특히 한일 간에는 2004년부터 한국정부가 일본의 대중문화를 완전 개방함으로써 그 동안 있어 왔던 인적 · 물적 교류뿐만 아니라, 문화적 교류가 더욱 활발하게 이루어지고 있습니다. 그런데 문화적 교류가 빈번하게 이루어질수록 서로 다른 문화를 경험하게 되고, 가까이 접할수록 더욱 서로 다르구나 하는 것을 느끼게 됩니다.

여기에서 중요한 것은 문화에는 정답이 없다는 것입니다. 다만 다를 뿐입니다. 이 문화의 차이를 서로 인정하는 것이 매우 중요하며, 서로의 인정 위에 진정한 이해가 가능한 것입니다. 이러한 인정과 이해를 바탕으로 하여 국가 간 문화의 교류도 더욱 활발해질 것이며, 한류의 세계화도 빠르게 이루어질 것입니다.

한 나라의 문화와 사회현상, 그 국민의 의식구조를 정확히 파악해야 진정한 이해가 이루어지게 되는데, 그러기 위해서는 그 나라의 말과 글, 즉 언어를 알아야 한다는 것은 필수적입니다. 〈헌팅일본어〉는 일본의 문화를 알고, 일본을 이해하기 위하여 일본어를 습득하고자 하는 분에게는 좋은 교재로서 많은 도움이 될 것입니다.

회화를 중심으로 한 본문, 일상생활에 사용빈도가 높은 단어, 난이도 순서에 따른 문법 설명, 일본어 능력시험을 대비한 연습문제 등으로 구성된 것이 이 책의 특징입니다. 아무쪼록 열심히 공부하셔서 좋은 성과가 있기를 기원합니다.

끝으로 헌팅일본어가 출판되기까지 물심양면으로 많은 노력을 아끼지 않으신 니혼고팩토리의 임직원 여러분께 깊이 감사를 드립니다.

2010년 6월 15일

저자 이 우 석 드림

목차

목차

이 책의 구성과 특징

① 기초가 튼튼한 입문 교재

〈헌팅 일본어 입문편〉은 일본어를 처음 학습하는 분들이 기초를 튼튼하게 하면서 가장 쉽고 재미있게 입문 과정을 정복할 수 있도록 연구 · 기획된 교재입니다. 수 십 년 일본어 교육에 쏟아온 저자의 열정이 빚어낸 일본어 입문 교재의 진수를 느껴 보시기 바랍니다.

② 탄탄한 구성

이 교재는 모두 40과로 구성되어 있으며, 1과에서 4과까지를 '일본어의 문자와 발음'에 투자해, 자칫 소홀하거나 부담감을 느낄 수 있는 기초 학습에 만전을 기했습니다. 또한 20과와 40과에 실력 테스트를 수록함으로써 중간 평가의 기능을 추가했습니다. 각 과의 구성은 학습 POINT, 생생회화, 확실하게 이해하는 문법 이야기, 튼튼 문형 만들기, 문형으로 말하기, 생생 듣기 연습, 실력 꾹꾹 다지기(연습문제), 한국 한자 일본 한자 쉽게 익히기 등으로 구성, 말하기, 듣기, 쓰기, 문법 등의 능력이 고루 갖춰질 수 있도록 했습니다.

③ 학습 POINT

각 과는 해당 과에서 익혀야 할 핵심 내용을 제시한 '학습 POINT'로부터 시작됩니다. 수 십 년에 걸친 교육 경험을 바탕으로 넘치지도 않고 모자라지도 않은 학습량을 제시함으로써, 실속 있는 학습이 되도록 했습니다.

④ 생생 회화

일상생활에서 가장 많이 접하는 장면을 엄선하고, 각 과에서 익혀야 할 문법 내용도 자연스럽게 녹아들어 있는 실생활 생생 회화를 제공합니다. 세련된 일러스트와 재미있는 상황 전개로 학습 효과를 더욱 높였습니다.

⑤ 확실하게 이해하는 문법 이야기

각 과에서 익혀야 할 중요 문법을 확실하게 이해할 수 있도록 자상한 해설과 명확한 예문을 제시했습니다. 물론 문법은 진도가 나갈수록 난이도 순서에 따라 배치되어 있습니다. 한 번만 읽어도 머리에 쏙쏙 들어오는 문법 해설로 차근차근 일본어의 기초를 다져갑시다.

⑥ 튼튼 문형 만들기

중요 문법을 기초로 하여, 필수 예문을 익힐 수 있도록 한 코너입니다. 문형은 문법을 가장 효과적으로 익힐 수 있도록 하는 장치입니다. 예쁜 그림과 함께 꾸민 이 코너를 통해 응용력을 키워 보세요.

⑦ 문형으로 말하기

앞에서 익힌 문형을 토대로 짧은 대화 세 가지를 제시합니다. 일상생활 속 언제 어디에서나 짤막하게 한 마디 툭 던질 수 있는 실속 만점 회화들을 익히고, 이것을 이용해 학급 친구들과 짧은 대화도 나누어 보십시오.

⑧ 생생 듣기 연습

외국어 학습에서 빠뜨릴 수 없는 듣기 실력을 기르는 코너입니다. 녹음을 듣고 들은 내용을 빈 칸에 적어 문장을 완성시킨 후 직접 해석도 해봅시다. 반복해서 들음으로써, 확실한 일본어의 음성 감각을 익히시기 바랍니다.

⑨ 실력 꾹꾹 다지기

각 과마다 연습문제를 제공합니다. 단어, 문법, 해석, 작문 등 폭넓은 범위의 문제를 골고루 수록하여 확실한 이해도 진단이 가능하도록 했습니다. 틀린 문제는 복습한 후, 꼭 이해하고 넘어갑시다.

⑩ 실력 테스트

본 교재의 20과에 40과에 중간점검을 할 수 있도록 실력 테스트 코너를 마련했습니다. 공부를 하다 보면 오래된 내용은 쉽게 잊어지게 마련입니다. 잊어지는 내용들이 너무 많이 쌓이지 않도록 중간 실력 테스트를 꼭 풀어 보고, 잘 모르겠는 부분에 대해서는 복습하시기를 권합니다.

⑪ 부록 한국 한자 일본 한자 쉽게 익히기

일본에서 쓰는 한자는 우리나라와 모양이 조금씩 다르게 생겼습니다. 이처럼 모양이 다른 한자만을 모아 일본어 이해에 더 큰 도움이 되도록 양국 한자를 비교해서 보여 드립니다.

⑫ 해석 및 해답

생생 회화와 문법 이야기 예문의 해석의 해석을 모아 두었습니다. 또한 듣기 연습, 실력 다지기의 해답도 실었습니다. 해석은 정확한 내용 이해를 위해 참고하시고, 틀린 문제는 꼭 복습하시기 바랍니다.

⑬ 네이티브 녹음 MP3 무료 다운로드

생생 회화, 튼튼 문형 만들기, 문형으로 말하기, 생생 듣기 연습 등의 내용을 네이티브의 발음으로 생생하게 녹음했습니다. 음성 자료만 따로 원하실 경우는 니혼고 팩토리 홈페이지(www.cyber.co.kr)에서 무료로 다운로드 받으실 수 있습니다.

⑭ 보이스북 eCD

다른 교재에서는 제공하지 않는 니혼고 팩토리만의 특별 서비스입니다. 컴퓨터에 CD를 넣고 화면을 통해 교재의 모든 내용을 종이책과 똑같은 형태로 보실 수 있으며, 녹음이 되어 있는 부분은 클릭 한 번으로 음성까지 들으면서 학습할 수 있습니다.

일본어의 문자와 발음(1)

1. 일본어의 문자

우리말에서 예를 들어 '부산'이라고 발음하는 것을 문자로 나타내면 다음의 3가지로 나타낼 수 있습니다.

- 부산 → 한글
- 釜山 → 한자(漢字)
- Busan → 로마자

그러면 일본의 수도 '도쿄'라는 발음을 일본어의 문자로 나타내면 어떻게 될까요? 다음과 같은 4가지 방법이 있지요.

- とうきょう → 히라가나(ひらがな)
- トウキョウ → 가타카나(カタカナ)
- 東京 → 한자(漢字)
- Tokyo → 로마자

위와 같이 일본어를 쓸 때 사용하는 문자에는 ①ひらがなhiragana, ②カタカナkatakana, ③한자(漢字), ④로마자의 4종류가 있습니다.
「ひらがな」와 「カタカナ」는 일본의 고유 문자이며, 이 두 문자를 합해서 「かなkana」라고 하지요. 이「かな」는 한자를 바탕으로 하여 만들어졌습니다.
일본어에서 글(문자)을 쓸 때는 일반적으로「ひらがな」와 한자를 섞어 쓰므로, 한자의 읽기와 쓰기도 함께 익혀야 합니다.

1 ひらがな

「ひらがな」는 한자를 흘려 쓴 서체, 즉 초서체(草書体)를 바탕으로 하여 10세기경에 만들어졌으며, 옛날에는 주로 여성들 사이에 쓰였습니다. 그러나 현대일본어에서는 거의 모든 경우에 널리 사용되지요.

2 カタカナ

「カタカナ」는 한자의 획의 일부분을 따서 만든 것으로, 11세기경에 이르러 글자의 모양, 즉 자체(字体)가 갖추어지게 되었습니다. 이 「カタカナ」는 ①외래어(인명 · 지명 등), ② 의성어 · 의태어, ③특정어를 돋보이게 하는 강조용법 등에 쓰이지요.

3 한자(漢字)

중국에서 유래한 한자는 일본어 표기의 한 방법으로 널리 쓰이고 있지요. 그러나 그 많은 한자를 다 쓸 수는 없기 때문에 사용빈도가 높은 1,945자를 선정하여 사용해 오고 있습니다. 이를 상용한자(常用漢字)라 하며, 획수가 많고 복잡한 한자는 간략화(약자화)하였습니다. 예를 들어 보지요.

國 → 国　　體 → 体

學 → 学　　會 → 会

참고로 우리나라에서는 한자의 자체(字体)에 대한 공식적인 기준이 없습니다. 따라서 약자(略字)가 아닌 정자(正字)가 정식자체로서 인정을 받는 셈이지요.
다만 여기에서는 일본어를 공부하는 교실인 만큼 일본어 문장뿐만 아니라, 이에 대한 설명까지도 약자를 사용한다는 점을 이해해 주시기 바랍니다.

4 로마자

알파벳Alphabet을 이용해서 일본어를 표기할 수 있도록 '로마자 표기법'이 제정되어 있습니다. 그러나 이를 발음기호 그 자체로 생각해서는 안 되지요.

ㄹ. 오십음도(五十音図)

1 배열순서

같은 모음(母音)을 가진 음절을 5자(字)씩 10행(行)으로 배열한 것을 오십음도(五十音図)라고 합니다. 이 배열순서는 모음인「あ・い・う・え・お」가 바탕이 되어 있으며, 일본어 사전에서는 이 순서대로 나오기 때문에 반드시 기억해야 하지요.

2 행(行)과 단(段)

오십음도에서 세로의 배열을 '행(行)'이라 하고, 가로의 배열을 '단(段)'이라고 합니다. 따라서「あ・い・う・え・お」를「あ행」,「か・き・く・け・こ」를「か행」이라고 하지요. 그리고「あ・か・さ・た・な・は・ま・や・ら・わ」를「あ단」,「い・き・し・ち・に・ひ・み・り」를「い단」이라고 합니다.

3 ひらがな

	あ행	か행	さ행	た행	な행	は행	ま행	や행	ら행	わ행	
あ단	あ a	か ka	さ sa	た ta	な na	は ha	ま ma	や ja	ら ra	わ wa	ん N
い단	い i	き ki	し ʃi	ち tʃi	に ni	ひ hi	み mi	い i	り ri	(ゐ) (i)	
う단	う ɯ	く kɯ	す sɯ	つ tsɯ	ぬ nɯ	ふ hɯ	む mɯ	ゆ jɯ	る rɯ	う ɯ	
え단	え e	け ke	せ se	て te	ね ne	へ he	め me	え e	れ re	(ゑ) e	
お단	お o	こ ko	そ so	と to	の no	ほ ho	も mo	よ jo	ろ ro	を o	

※「や행」의「い」·「え」와「わ행」의「う」는「あ행」과 중복되고 있으며,「わ행」의「ゐ」·「ゑ」는「あ행」의「い」·「え」와 음(音)은 같고 글자만 다른데 오늘날에는 쓰이지 않습니다.

4 カタカナ

	ア행	カ행	サ행	タ행	ナ행	ハ행	マ행	ヤ행	ラ행	ワ행	
ア단	ア a	カ ka	サ sa	タ ta	ナ na	ハ ha	マ ma	ヤ ja	ラ ra	ワ wa	ン N
イ단	イ i	キ ki	シ ʃi	チ tʃi	ニ ni	ヒ hi	ミ mi	イ i	リ ri	(ヰ) (i)	
ウ단	ウ ɯ	ク kɯ	ス sɯ	ツ tsɯ	ヌ nɯ	フ hɯ	ム mɯ	ユ jɯ	ル rɯ	ウ ɯ	
エ단	エ e	ケ ke	セ se	テ te	ネ ne	ヘ he	メ me	エ e	レ re	(ヱ) e	
オ단	オ o	コ ko	ソ so	ト to	ノ no	ホ ho	モ mo	ヨ jo	ロ ro	ヲ o	

※「カタカナ」도「ひらがな」와 마찬가지로,「ヤ행」의「イ」·「エ」와「ワ행」의「ウ」는「ア행」과 중복되고 있으며,「ワ행」의「ヰ」·「ヱ」는「ア행」의「イ」·「エ」와 음(音)은 같고 글자만 다른데 오늘날에는 쓰이지 않습니다.

※「カタカナ」는「ひらがな」와 글자만 다를 뿐, 발음은 꼭 같습니다.

일본어의 문자와 발음(2)

○ 3. 각 음절의 발음

1 청음(清音)

1) 모음(母音)

모음은 「あ·い·う·え·お」 5개입니다. 이 중 「あ·い·え·お」는 우리말의 「아 · 이 · 에 · 오」와 발음이 거의 같으나, 「う」는 「우」와 「으」의 중간음(이 발음을 [ɯ]로 표기)이지요.

Track 002

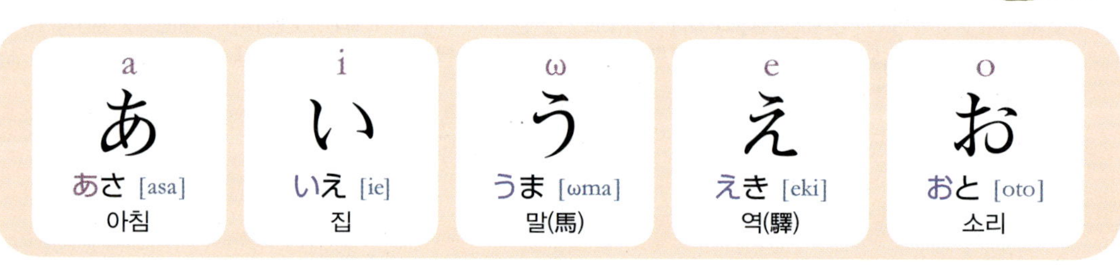

a
あ
あさ [asa]
아침
i
い
いえ [ie]
집
ɯ
う
うま [ɯma]
말(馬)
e
え
えき [eki]
역(驛)
o
お
おと [oto]
소리

2) 반모음(半母音)

반모음은 중모음(重母音)이라고도 하며, 「や·ゆ·よ」, 「わ」의 4개입니다. 우리말의 「야 · 유 · 요」, 「와」와 발음이 거의 유사하지요.

Track 003

ja
や
やま [jama]
산
jɯ
ゆ
ゆき [jɯki]
눈(雪)
jo
よ
よる [jorɯ]
밤(夜)
wa
わ
わし [waʃi]
독수리

3) 자음(子音)

일본어의 자음은 우리말이나 영어와는 달리 독립해서 존재하지 않고, 항상 '자음 + 모음'의 결합된 형태로 존재합니다.

① か行

단어의 첫머리에 올 때는 발음이 우리말의「가 · 기 · 구 · 게 · 고」와「카 · 키 · 쿠 · 케 · 코」의 중간음 정도이며, 단어의 중간이나 끝에 올 때는「까 · 끼 · 꾸 · 께 · 꼬」에 가깝습니다.

Track 004

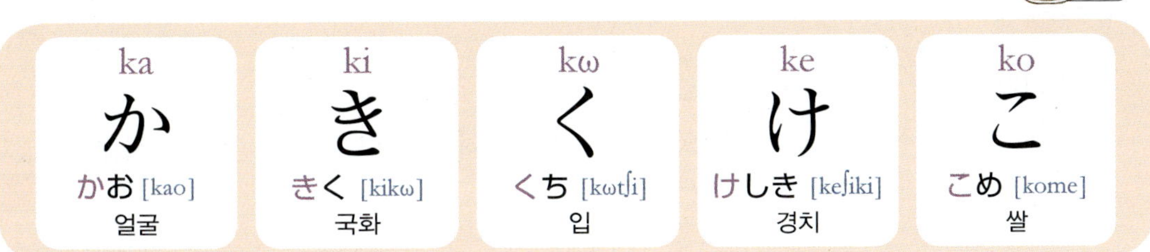

ka
か
かお [kao]
얼굴
ki
き
きく [kikω]
국화
kω
く
くち [kωtʃi]
입
ke
け
けしき [keʃiki]
경치
ko
こ
こめ [kome]
쌀

② さ行

「さ·し·せ·そ」는 우리말의「사 · 시 · 세 · 소」와 발음이 거의 같습니다.「す」는 단어의 첫머리에 올 때 우리말의「수」와「스」의 중간음이며, 단어의 중간이나 끝에 올 때는「스」에 가깝지요.

Track 005

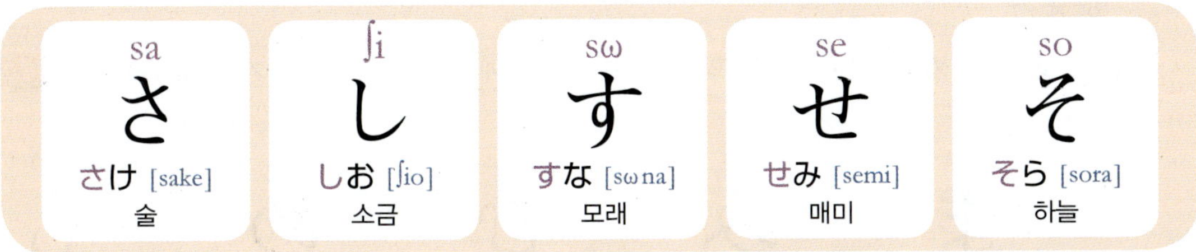

sa
さ
さけ [sake]
술
ʃi
し
しお [ʃio]
소금
sω
す
すな [sωna]
모래
se
せ
せみ [semi]
매미
so
そ
そら [sora]
하늘

③ た行

「た·て·と」는 단어의 첫머리에 올 때 발음이 우리말의「다 · 데 · 도」와「타 · 테 · 토」의 중간음이며, 단어의 중간이나 끝에 올 때는「따 · 떼 · 또」에 가깝습니다.「ち」는「지」와「치」의 중간음이며,「つ」는 윗잇몸과 윗니 사이에 대고 터뜨려 내지요.「쓰」도「츠」도「쯔」도 아닙니다.

Track 006

ta
た
たい [tai]
도미
tʃi
ち
ちえ [tʃie]
지혜
tsω
つ
つき [tsωki]
달
te
て
てら [tera]
절(寺)
to
と
とり [tori]
새(鳥)

④ な行

「な·に·ぬ·ね·の」는 우리말의「나 · 니 · 누 · 네 · 노」와 발음이 거의 같습니다. Track 007

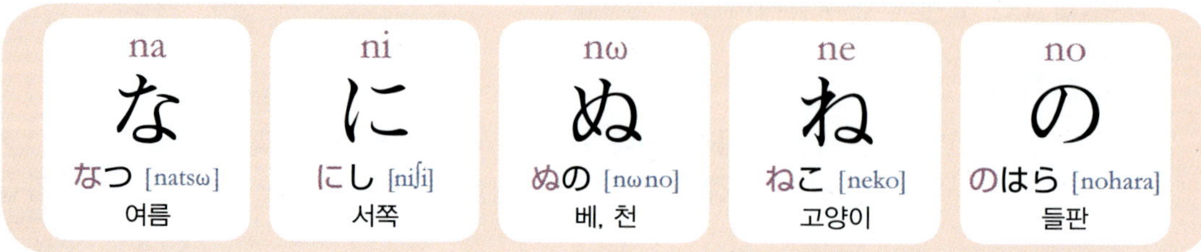

na
な
なつ [natsɯ]
여름
ni
に
にし [niʃi]
서쪽
nɯ
ぬ
ぬの [nɯno]
베, 천
ne
ね
ねこ [neko]
고양이
no
の
のはら [nohara]
들판

⑤ は行

「は·ひ·ふ·へ·ほ」는 우리말의「하 · 히 · 후 · 헤 · 호」와 발음이 거의 유사합니다.

Track 008

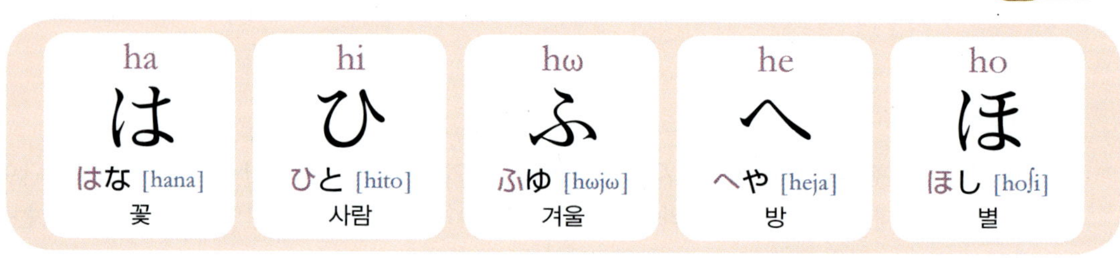

ha
は
はな [hana]
꽃
hi
ひ
ひと [hito]
사람
hɯ
ふ
ふゆ [hɯjɯ]
겨울
he
へ
へや [heja]
방
ho
ほ
ほし [hoʃi]
별

⑥ ま行

「ま·み·む·め·も」는 우리말의「마 · 미 · 무 · 메 · 모」와 발음이 거의 같습니다. Track 009

ma
ま
まめ [mame]
콩
mi
み
みち [mitʃi]
길
mɯ
む
むね [mɯne]
가슴
me
め
めし [meʃi]
밥
mo
も
もも [momo]
복숭아

⑦ ら行

「ら·り·る·れ·ろ」는 우리말의「라 · 리 · 루 · 레 · 로」와 발음이 거의 유사합니다.

Track 010

ra
ら
られつ [raretsɯ]
나열
ri
り
りす [risɯ]
다람쥐
rɯ
る
るす [rɯsɯ]
부재중
re
れ
れきし [rekiʃi]
역사
ro
ろ
ろく [rokɯ]
육(六)

일본어의 문자와 발음(3)

2 탁음(濁音)

「か행·さ행·た행·は행」의 글자 오른쪽 어깨에 탁점(濁点)이 붙어서 탁음이 됩니다.

① が行

우리말의「가 · 기 · 구 · 게 · 고」와 발음이 거의 같지요. 단어의 중간이나 끝에 올 때는 〔g〕음 이외에 〔ŋ〕음으로도 발음되며, 어느 것이나 표준음으로 인정됩니다. Track 011

ga
が
がくせい [gakuseː]
학생
gi
ぎ
ぎかい [gikai]
의회
gɯ
ぐ
ぐあい [gɯai]
상태
ge
げ
げり [geri]
설사
go
ご
ごみ [gomi]
쓰레기, 먼지

② ざ行

「じ」는〔dʒi〕로 우리말의「지」와 발음이 거의 유사합니다. 그러나「ざ·ず·ぜ·ぞ」는 우리말의「자 · 즈 · 제 · 조」〔dʒa · dʒɯ · dʒe · dʒo〕와 다르므로 주의를 해야 하지요. Track 012

dza
ざ
ざいむ [dzaimɯ]
재무
dʒi
じ
じだい [dʒidai]
시대
dzɯ
ず
ずが [dzɯga]
도화, 그림
dze
ぜ
ぜいたく [dzeitakɯ]
사치
dzo
ぞ
ぞくご [dzokɯgo]
속어

③ だ行

「だ·で·ど」는 우리말의「다 · 데 · 도」와 발음이 거의 같지요. 그러나 탁음의 경우「ぢ」는「ざ행」의「じ」와 발음이 같고,「づ」는「ず」와 발음이 같습니다. Track 013

da
だ
だいいち [daiitʃi]
제일
dʒi
ぢ
はなぢ [hanadʒi]
코피
dzɯ
づ
つづみ [tsɯdzɯmi]
북, 장구
de
で
でぐち [degɯtʃi]
출구
do
ど
どく [dokɯ]
독(毒)

※ 다음의 두 가지 경우에만「ぢ」·「づ」를 그대로 쓰고, 기타의 경우「じ」·「ず」로 통일해서 사용합니다.

- 「はなぢ」처럼 복합어인 경우(はな + ち)
- 「つづみ」처럼 같은 문자(つ)가 반복되는 경우

④ ば行

「ば·び·ぶ·べ·ぼ」는 우리말의 「바 · 비 · 부 · 베 · 보」와 발음이 거의 같습니다. Track 014

ba
ば
ばら [bara]
장미
bi
び
びか [bika]
미화
bɯ
ぶ
ぶた [bɯta]
돼지
be
べ
べつ [betsɯ]
별도
bo
ぼ
ぼら [bora]
숭어

3 반탁음(半濁音)

「は행」의 글자 오른쪽 어깨에 반탁점(半濁点)이 붙어서 반탁음이 됩니다.
「ぱ·ぴ·ぷ·ぺ·ぽ」는 우리말의 「빠 · 삐 · 뿌 · 뻬 · 뽀」와 발음이 거의 유사합니다.

Track 015

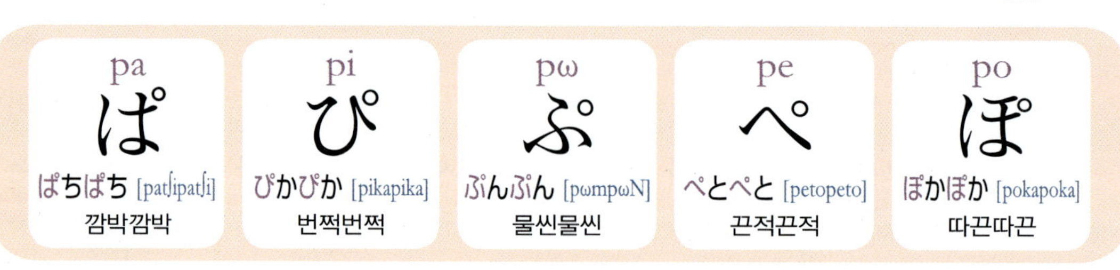

pa
ぱ
ぱちぱち [patʃipatʃi]
깜박깜박
pi
ぴ
ぴかぴか [pikapika]
번쩍번쩍
pɯ
ぷ
ぷんぷん [pɯmpɯN]
물씬물씬
pe
ぺ
ぺとぺと [petopeto]
끈적끈적
po
ぽ
ぽかぽか [pokapoka]
따끈따끈

4. 특수 음절

1 요음(拗音)

요음이란 「い」를 제외한 「い단」, 즉 「き·ぎ·し·じ·ち·ぢ·に·ひ·び·ぴ·み·り」 오른쪽 아래에 「や·ゆ·よ」를 작게 붙여 써서 나타낸 음절을 말하며, 발음은 우리말의 「자음 + 야 · 유 · 요 」와 비슷합니다.
요음은 두 글자로 한 음절을 이루며, 한 박자의 길이를 가진다는 점 기억해 주세요.

① 「い단」+「ゃ」

Track 016

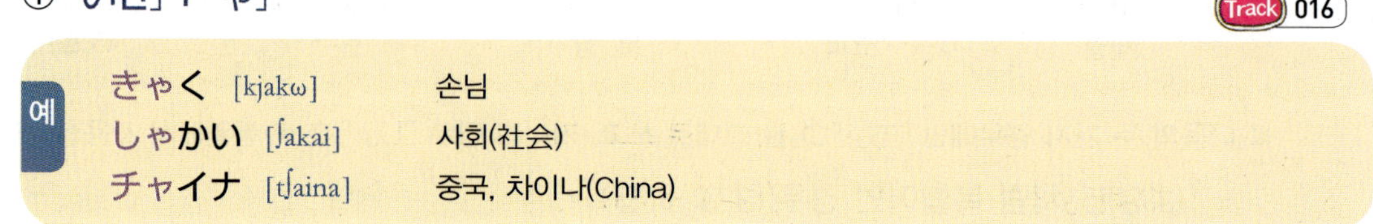

예
きゃく [kjakɯ] 손님
しゃかい [ʃakai] 사회(社会)
チャイナ [tʃaina] 중국, 차이나(China)

② 「い단」+「ゅ」 Track 017

예	きゅうり [kjɯːri]	오이
	しゅみ [ʃʒmi]	취미
	ジュース [dʒjɯːsɯ]	주스(juice)

③ 「い단」+「ょ」 Track 018

예	じょし [dʒjoʃi]	여자
	みょうじ [mjoːdʒi]	성(姓)
	りょうり [rjoːri]	요리

2 발음(撥音)

「ん」의 발음(発音)을 발음(撥音)이라 하며, 다음에 오는 음(音)에 따라 「m · n · ŋ · N」의 네 가지 중 한 가지로 발음이 됩니다. 즉 다음의 음(같은 소리를 내는 위치)에 동화되려는 경향이지요.
「ん」은 우리말의 '받침'과 비슷한 역할을 하지만, 따로 한 박자의 길이를 가진다는 점에 주의하시기 바랍니다.

① 「m」음 ▶ 「ま행 · ば행 · ぱ행」 앞에서 [m](ㅁ)으로 발음됩니다. Track 019

예	さんま [samma]	꽁치
	はんばい [hambai]	판매
	かんぱい [kampai]	건배

② 「n」음 ▶ 「ざ행 · た행 · だ행 · な행 · ら행」 앞에서 [n](ㄴ)으로 발음됩니다. Track 020

예	かんとく [kantokɯ]	감독
	あんない [annai]	안내
	べんり [benri]	편리

③ 「ŋ」음 ▶ 「か행 · が행」 앞에서 [ŋ](ㅇ)으로 발음됩니다. Track 021

예	へんか [heŋka]	변화
	ぶんがく [bɯŋgakɯ]	문학
	かんこく [kaŋkokɯ]	한국

④ 「N」음 ▶ 모음, 반모음, 「さ행 · は행」 앞에서, 또 「ん」으로 끝났을 때는 [N]으로 발음됩니다. [N]은 「ㄴ」와 「ㅇ」의 중간음 정도입니다. Track 022

예	せんい [seNi]	섬유
	ほんや [hoNja]	책방
	こんしゅう [koNʃɯː]	금주
	がくもん [gakɯmoN]	학문

일본어의 문자와 발음(4)

3 촉음(促音)

촉음은 「つ」자(字)를 작게 써서 나타내며, 다음에 오는 음에 따라 「k · s · t · p」의 네 가지 중 한 가지로 발음이 됩니다. 이 또한 다음의 음에 동화되려는 경향이지요.
촉음 「つ」도 우리말의 「받침」과 비슷한 역할을 하지만, 「ん」과 마찬가지로 따로 한 박자의 길이를 가진다는 점에 주의해 주세요.

① 「k」음 ▶ 「か행」 앞에서 [k] (ㄱ)으로 발음됩니다. Track 023

예 みっか [mikka] 3일 　 がっこう [gakkoː] 학교

② 「s」음 ▶ 「さ행」 앞에서 [s] (ㅅ)으로 발음됩니다. Track 024

예 けっさい [kessai] 결재 　 さっそく [sassokɯ] 즉시

③ 「t」음 ▶ 「た행」 앞에서 [t] (ㄷ)으로 발음됩니다. Track 025

예 きって [kitte] 우표 　 カット [katto] 커트(cut)

④ 「p」음 ▶ 「ぱ행」 앞에서 [p] (ㅂ)으로 발음됩니다. Track 026

예 いっぱい [ippai] 한 잔 　 きっぷ [kippɯ] 표, 티켓

4 장음(長音)

장음이란 한 박자의 길이를 가지며 길게 발음하는 것을 말합니다. 장음의 표기는 「かな」에 「あ・い・う・え・お」를 붙여서 나타내지요. 즉 「あ단」에는 「あ」를, 「い단」에는 「い」를, 「う단」에는 「う」를, 「え단」에는 「え」를, 「お단」에는 「う」(お가 아님)를 붙여 써서 길게 발음합니다.

외래어를 カタカナ로 표기할 경우의 장음은 「ー」으로 나타내며, 음성기호로 표기할 때는 [ː]으로 나타내지요.

① 「あ단」의 장음

Track 027

예 おかあさん [okaːsaN] 어머니　　おばあさん [obaːsaN] 할머니

② 「い단」의 장음

Track 028

예 にいさん [niːsaN] 형님, 오빠　　おじいさん [odʒiːsaN] 할아버지

③ 「う단」의 장음

Track 029

예 すうがく [sɯːgakɯ] 수학　　ふうふ [hɯːhɯ] 부부

④ 「え단」의 장음

예 ねえさん [neːsaN] 누님, 언니　　テーブル [teːbɯrɯ] 테이블(table)

⑤ 「お단」의 장음

예 おとうと [otoːto] 남동생　　いもうと [imoːto] 여동생

※ 「お단」의 장음으로 「う」를 쓰지 않고, 「お」를 쓰는 예외도 있습니다.

예 とおい [toːi] 멀다　　おおきい [oːkiː] 크다

5. 외래어의 표기법

외래어는 원칙적으로「カタカナ」로 표기합니다. 그러나 한자어는 이미 일본어에 동화된 것이므로 그 독음(読音)은「ひらがな」로 표기하지요.

① 장음은「ー」로 표 기합니다.

Track 032

예 スター [Star]　　デート [date]

②「f」음은「ファ・フィ・フゥ・フェ・フォ」로 표기합니다.

Track 033

예 ファン [Fan]　　フィルム [film]

※ 그러나「ハ・ヒ・フ・ヘ・ホ」로 관용적으로 쓰이는 말은 그대로 표기합니다.

예 コーヒー [Coffee]　　プラットホーム [Platform]

③「v」음은 일반적으로「バ・ビ・ブ・ベ・ボ」로 표기합니다.

Track 034

예 バイオリン [Violin]　　ビタミン [vitamin]

④「t」・「d」음은 일반적으로「ト」・「ド」 또는「ツ」・「ズ」로 표기합니다.

Track 035

예 ゼントルマン [gentleman]　　ドラマ [drama]
ツアー [tour]　　ズロース [drawers]

⑤「ti」·「di」음은「ティ」·「ディ」로 표기합니다.

예 ティー [tea]　　ビルディング [building]

※ 그러나「チ」·「ジ」 또는「テ」·「デ」로 관용적으로 쓰이는 말은 그대로 표기합니다.

예 チーム [team]　　ラジオ [radio]
ステッキ [stick]　　デザイン [design]

⑥「dju」음은「デュ」로 표기합니다.

예 デュエット [duet]　　プロデューサー [producer]

※ 그러나「ジュ」로 관용적으로 쓰이는 말은 그대로 표기합 니다.

예 ジュース [deuce]　　ジュラルミン [duralumin]

⑦「tju」음은 일반적으로「チュ」로 표기합니다.

예 チューブ [tube]　　スチュワーデス [stewardess]

これは つくえです

학습 Point

これ・それ・あれ + です

Track 039

たなか これは なんですか。

よしだ それは 本(ほん)です。

たなか それは なんですか。

よしだ これは つくえです。

たなか あれは なんですか。

よしだ あれは いすです。

たなか かばんは どれですか。

よしだ かばんは これです。

확실하게 이해하는 문법 이야기

1 これ・それ・あれ・どれ 이것, 그것, 저것, 어느 것

「これ・それ・あれ・どれ」는 '사물'을 가리키는 말로서, 가리키는 거리에 따라 달라집니다. 즉 가까운 것을 「これ(이것)」, 중간 것을 「それ(그것)」, 먼 것을 「あれ(저것)」라고 합니다. 그리고 정해지지 않은 것을 どれ(어느 것)라고 합니다.

2 ～は ～은(는)

「は」는 우리말의 '～은, ～는'에 해당하는 조사(助詞)입니다. 「は」가 조사로 쓰일 경우에는 [ha]가 아니라 [wa]로 읽습니다.

예 これは つくえです。
それは かばんです。
あれは なんですか。

3 ～です/～ですか ～입니다 / ～입니까?

「です」는 우리말의 '입니다'에 해당하며, '이다'에 해당하는 「だ」의 공손한 말입니다. 한편 문장을 마칠 때 쓰는 마침표는 속이 비어 있는 작은 동그라미(。)입니다.

그리고 「ですか」의 「か」는 문장의 끝에 붙어 '의문'을 나타내는 종조사입니다. 한편, 의문의 종조사 「か」 뒤에는 의문부호인 물음표(?)를 붙이지 않는 것이 일반적입니다.

예 これは 本だ。
これは 本です。
これは 本ですか。

4 なんですか 무엇입니까?

여기에서 「なん」은 「なに」에서 변형된 말인데, 「なにですか」라고 해도 틀린 것은 아니지만, 회화체에서는 「なんですか」가 더 자연스러운 느낌이 듭니다.

새로 나온 어구

□ これ 이것 □ ～は ～은/는 □ なん(何) 무엇 □ ～です ～입니다 □ ～ですか ～입니까 □ それ 그것 □ 本(ほん) 책 □ つくえ 책상
□ あれ 저것 □ いす 의자, 걸상 □ かばん 가방 □ どれ 어느 것

튼튼 문형 만들기

Track 040

① これは [めがね / ぼうし]  です。

② それは [かみ / えんぴつ]  です。

③ あれは [うわぎ / くつ]  ですか。

④ [シャツ / ズボン]  は どれですか。

새로 나온 어구

□ めがね 안경 □ ぼうし 모자 □ かみ(紙) 종이 □ えんぴつ 연필 □ うわぎ(上着) 상의, 윗도리 □ くつ 구두, 신 □ シャツ 셔츠
□ ズボン 바지, 하의

문형으로 말하기

Track 041

これは なんですか。
それは めがねです。

それは なんですか。
これは えんぴつです。

シャツは どれですか。
シャツは あれです。

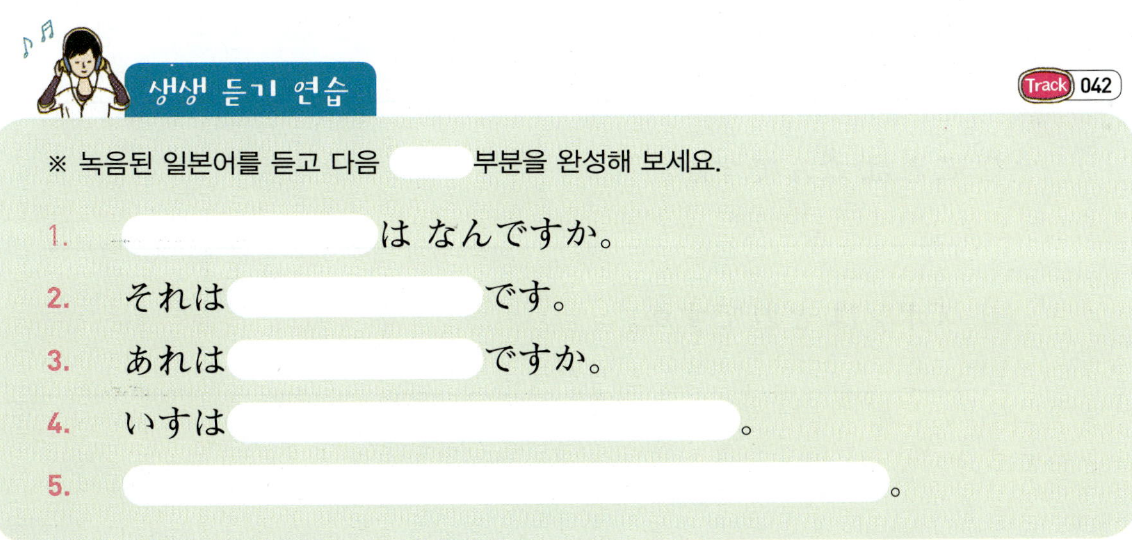

생생 듣기 연습

Track 042

※ 녹음된 일본어를 듣고 다음 ____ 부분을 완성해 보세요.

1. ____ は なんですか。
2. それは ____ です。
3. あれは ____ ですか。
4. いすは ____。
5. ____。

실력 꼭!꼭! 다지기

1. 다음 ( ) 안에 알맞은 말을 써 넣으세요.

① これ(　　　　　　) なんですか。

② それは なんです(　　　　　　)。

③ ぼうしは (　　　　　　)ですか。

2. 다음 물음에 ( ) 안의 말을 사용하여 답하세요.

① これは なんですか。(かみ)

____

② それは なんですか。(うわぎ)

____

③ あれは なんですか。(くつ)

____

3. 다음 일본어를 우리말로 옮기세요.

① あれは つくえです。

____

② これは なんですか。

____

③ ズボンは どれですか。

____

4. 다음 우리말을 일본어로 옮기세요.

① 이것은 책입니다.

____

② 그것은 의자입니다.

____

③ 저것은 안경입니까?

____

꼭! 꼭! 외워 두기

◉ **기본 숫자(1)**

一(いち)	二(に)	三(さん)	四(し)	五(ご)
六(ろく)	七(しち)	八(はち)	九(きゅう)	十(じゅう)

※「四」는 [よん],「七」은 [なな]라고도 합니다.

UNIT 06 あれは りんごでは ありません

학습 Point

～では ありません

생생 회화

Track 043

たなか これは りんごですか。

よしだ はい、それは りんごです。

たなか これも りんごですか。

よしだ はい、それも りんごです。

たなか あれも りんごですか。

よしだ いいえ、あれは りんごでは ありません。

あれは なしです。

たなか では、すいかは どれですか。

よしだ すいかは これです。

○ 확실하게 이해하는 문법 이야기

1 「はい」와 「いいえ」

「はい」는 상대방의 질문에 대해 긍정하여 대답하는 말로서 우리말의 '예, 네'에 해당합니다. 「いいえ」는 부정하여 대답하는 말로서 우리말의 '아니오'에 해당합니다.

예 これは すいかですか。
　はい、それは すいかです。
　いいえ、それは すいかでは ありません。

2 ～も ~도

「も」는 우리말의 '~도'에 해당하는 조사입니다.

예 これも なしです。
　それも りんごです。

3 ～では ありません ~이(가) 아닙니다

「～ではありません」은 「～です」의 부정형으로 우리말의 '~이(가) 아닙니다'에 해당합니다.

예 これは すいかでは ありません。

4 では 그러면

「では」가 「～では」처럼 명사 다음에 붙어 쓰이지 않고, 독립해서 쓰일 경우는 우리말의 '그러면'의 뜻을 가진 접속사입니다.

예 A : あれは なしでは ありません。
　B : では、あれは なんですか。

새로 나온 어구

□ りんご 사과 □ はい 예, 네 □ ～も ~도 □ いいえ 아니오 □ なし 배(과일) □ では 그러면 □ すいか 수박 □ ～では ありません ~이(가) 아닙니다

튼튼 문형 만들기

1 これは みかん / かき ですか。

2 はい、それも バナナ / トマト です。

3 いいえ、あれは はくさい / だいこん では ありません。

4 では、ねぎ / たまねぎ は どれですか。

새로 나온 어구

□ みかん 귤, 밀감 □ かき(柿) 감 □ バナナ 바나나 □ トマト 토마토 □ はくさい 배추 □ だいこん 무 □ ねぎ 파 □ たまねぎ 양파

○ 문형으로 말하기

これは
みかんですか。

はい、それは
みかんです。

これも
トマトですか。

はい、それも
トマトです。

あれも
だいこんですか。

いいえ、あれは だいこん
では ありません。

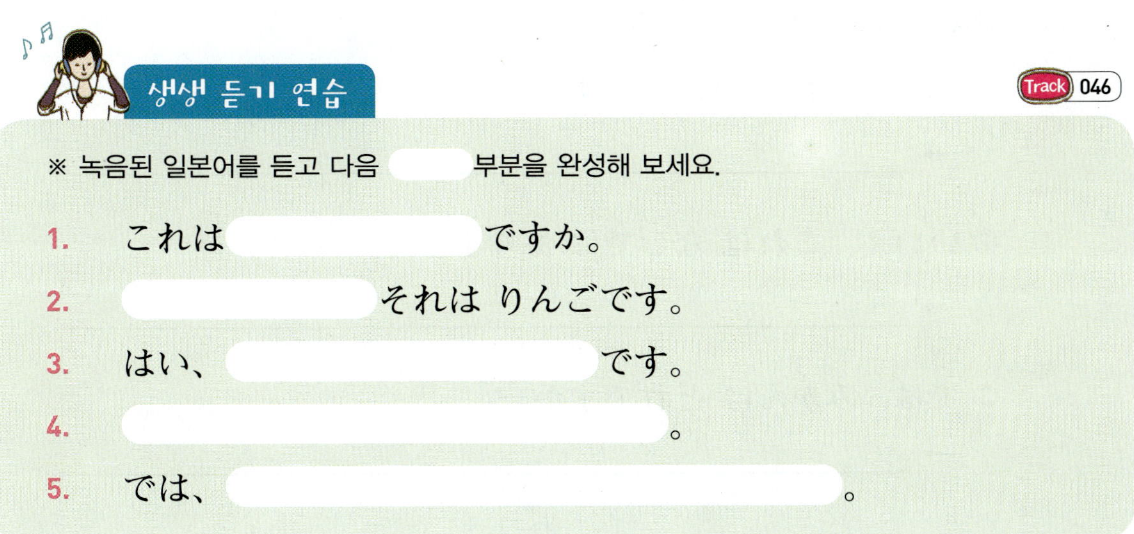

생생 듣기 연습

Track 046

※ 녹음된 일본어를 듣고 다음 ______ 부분을 완성해 보세요.

1. これは ______ ですか。
2. ______ それは りんごです。
3. はい、 ______ です。
4. ______ 。
5. では、 ______ 。

실력 꾹!꾹! 다지기

1. 다음을 보기와 같이 바꾸어 쓰세요.

보기 これは 本です。→ これは 本では ありません。

① これは かきです。

→ ______________________________

② それは バナナです。

→ ______________________________

③ あれも はくさいです。

→ ______________________________

2. 다음 물음에 (　) 안의 말을 사용하여 답하세요.

① これは ねぎですか。(はい)

② あれも たまねぎですか。(いいえ)

③ では、だいこんは どれですか。(これ)

3. 다음 일본어를 우리말로 옮기세요.

① はい、それも りんごです。

→ ______________________________

② いいえ、これは なしでは ありません。

→ ______________________________

③ では、みかんは どれですか。

→ ______________________________

4. 다음 우리말을 일본어로 옮기세요.

① 이것도 토마토입니까?

→ ______________________________

② 예, 그것은 배추입니다.

→ ______________________________

③ 아니오, 그것은 수박이 아닙니다.

→ ______________________________

꼭! 꼭! 외워 두기

◉ 기본 숫자(2)

十(じゅう)	二十(にじゅう)	三十(さんじゅう)	四十(しじゅう)	五十(ごじゅう)
六十(ろくじゅう)	七十(しちじゅう)	八十(はちじゅう)	九十(きゅうじゅう)	百(ひゃく)

※ 「四十」은 [よんじゅう], 「七十」은 [ななじゅう]라고도 합니다.

UNIT 07 わたしは 学生です

학습 Point

わたし・あなた + です

생생 회화 Track 047

よしだ あなたは 田中(たなか)さんですか。

たなか はい、わたしは 田中です。

よしだ あなたは 学生(がくせい)ですか。

たなか はい、わたしは 学生です。

よしだ 小川(おがわ)さんも 学生ですか。

たなか いいえ、小川さんは 学生では ありません。先生(せんせい)です。

よしだ 永井(ながい)さんは 学生ですか、先生ですか。

たなか 永井さんは 先生です。

○ 확실하게 이해하는 문법 이야기

1 한자의 표기

일본어의 문자와 발음에서 설명한 대로 한자(漢字)는 일본어 표기의 한 방법이며, 사용빈도가 높은 상용한자 1,945자 중 획수가 많고 복잡한 한자는 약자화하여 사용하고 있습니다.

예 學 → 学　會 → 会　國 → 国

2 あなた 당신

「あなた」는 2인칭대명사로서 우리말의 '당신'에 해당하는 말입니다. 우리말에서도 상대방에게 '당신'이라고 부르면 실례가 되듯이, 일본어에서도 「あなた」라는 호칭은 바람직스럽지 못합니다. 되도록이면 상대방의 성(姓)을 빨리 알아서, 예를 들어 「田中さん이라고 부르는 편이 좋습니다.

3 ～さん ～씨, ～님

「～さん」은 '존경'의 접미어로서 우리말의 '～씨, ～님'에 해당합니다. 따라서 자신에게는 붙이지 않습니다.

4 わたし 저, 나

'저, 나'를 가리키는 말로서 일상생활에서는 보통 「わたし」라고 하지만, 공식적인 자리에서는 「わたくし」라고 합니다. 「わたくし」는 「わたし」보다 격식은 있지만, 조금 딱딱한 느낌을 줍니다. 둘 다 한자는 「私」로 표기합니다.

5 先生 선생(님)

'선생님'을 일본어로 말할 때 「先生さん」이라고는 하지 않습니다. 「先生」 그 자체가 상당한 경칭이기 때문입니다.

새로 나온 어구

□ あなた 당신 □ 田中(たなか) 일본인의 성 □ ～さん ～씨, ～님 □ わたし(私) 저, 나 □ 学生(がくせい) 학생
□ 小川(おがわ) 일본인의 성 □ 先生(せんせい) 선생(님) □ 永井(ながい) 일본인의 성

튼튼 문형 만들기

Track 048

1 わたしは 小学生(しょうがくせい) / 中学生(ちゅうがくせい) です。

2 あなたは 高校生(こうこうせい) / 大学生(だいがくせい) ですか。

3 いいえ、わたしは こども / おとな では ありません。

4 小川(おがわ)さんは いしゃ / かいしゃいん ですか。

새로 나온 어구

□ 小学生(しょうがくせい) 초등학생 □ 中学生(ちゅうがくせい) 중학생 □ 高校生(こうこうせい) 고등학생 □ 大学生(だいがくせい) 대학생 □ こども(子供) 아이, 어린이 □ おとな(大人) 어른, 대인 □ いしゃ(医者) 의사 □ かいしゃいん(会社員) 회사원

문형으로 말하기

Track 049

あなたは
高校生ですか。

いいえ、わたしは
高校生では ありません。

小川さんも
大学生ですか。

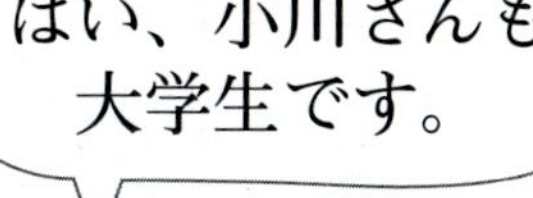

永井さんも
いしゃですか。

いいえ、永井さんは
いしゃでは ありません。

생생 듣기 연습

Track 050

※ 녹음된 일본어를 듣고 다음 ______ 부분을 완성해 보세요.

1. ______ は 田中さんですか。
2. はい、______ 田中です。
3. はい、わたしは ______ です。
4. いいえ、小川さんは ______。
5. 永井さんは ______。

실력 꾹!꾹! 다지기

1. 다음 단어를 한자는 ひらがな로, ひらがな는 한자로 옮기세요.

① 学生 → ________________

② ほん → ________________

③ 小学生 → ________________

④ わたし → ________________

⑤ 中学生 → ________________

⑥ せんせい → ________________

2. 다음 물음에 ( ) 안의 말을 사용하여 답하세요.

① あなたは 永井さんですか。(はい)

→ ________________________________

② 田中さんは 先生ですか。(いいえ)

→ ________________________________

③ あなたは 高校生ですか、大学生ですか。(大学生)

→ ________________________________

3. 다음 일본어를 우리말로 옮기세요.

① いいえ、わたしは 小学生では ありません。

→ ______________________________

② 永井さんは かいしゃいんでは ありませんか。

→ ______________________________

③ 田中さんは こどもですか、おとなですか。

→ ______________________________

4. 다음 우리말을 일본어로 옮기세요.

① 예, 저는 중학생입니다.

→ ______________________________

② 아니오, 저는 고교생이 아닙니다.

→ ______________________________

③ 小川씨는 의사가 아닙니까?

→ ______________________________

꼭! 꼭! 외워 두기

◉ **기본 숫자(3)**

百(ひゃく)	二百(にひゃく)	三百(さんびゃく)	四百(よんひゃく)	五百(ごひゃく)
六百(ろっぴゃく)	七百(ななひゃく)	八百(はっぴゃく)	九百(きゅうひゃく)	千(せん)

UNIT 08

それは 私の さいふです

학습 Point

「の」의 용법(1)

생생 회화

Track 051

小川 これは あなたの さいふですか。

永井 はい、それは 私(わたし)の さいふです。

小川 それは あなたの たばこですか。

永井 はい、これは 私の たばこです。

小川 あれは あなたの 車(くるま)ですか。

永井 はい、あれは 私の 車です。

小川 あれは 何(なん)の しんぶんですか。

永井 あれは 日本語(にほんご)の しんぶんです。

○ 확실하게 이해하는 문법 이야기

1 ～の ～의

조사「の」에는 '소유 · 소속 · 동격……' 등 여러 가지의 의미 · 용법이 있는데, 위의「私のさいふ」에서는 '소유'의 뜻으로 쓰였습니다. 다른 예를 들어 보지요.

예 あなたの かばん
田中さんの さいふ

2 たばこ 담배

「たばこ」는 포르투갈어에서 온 외래어입니다. 따라서「タバコ」처럼「カタカナ」로 표기해야 되겠지만,「たばこ」가 일본어에 정착된 지 오래되어 이제는 외래어라는 개념이 흐려져「ひらがな」로도 많이 표기합니다.

3 車 차, 자동차

「車(くるま)」에는 '바퀴, 차, 자동차, 수레' 등의 뜻이 포함되어 있습니다. 즉 바퀴뿐 아니라 바퀴를 사용하여 굴러 가는 것 전체를 나타내는 넓은 의미가 있는가 하면, '차 · 자동차'만 나타내는 좁은 의미도 있습니다.

4 何の 무슨

「なんの」는「何(なに) + の」의「なにの」에서 변형된 말인데, 앞에서 배운 것처럼 회화체에서는 발음하기에 편리한 축약형이 더 자연스럽게 쓰입니다.

예 何の しんぶんですか。
何の はなですか。

새로 나온 어구

□ ～の ～의 □ さいふ(財布) 지갑 □ たばこ 담배 □ 車(くるま) 차, 자동차 □ 何(なん)の 무슨 □ しんぶん(新聞) 신문
□ 日本語(にほんご) 일본어

튼튼 문형 만들기

Track 052

① これは あなたの [じしょ / ノート] ですか。

② はい、これは 私(わたし)の [ボールペン / 消(け)しゴム] です。

③ あれは あなたの [ネクタイ / ハンカチ] ですか。

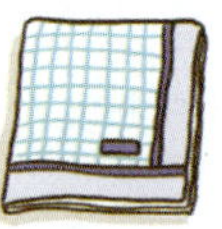

④ それは [韓国語(かんこくご) / 中国語(ちゅうごくご)] の しんぶんですか。

새로 나온 어구

- □ じしょ(辞書) 사전 □ ノート ①노트, 공책 ②필기 □ ボールペン 볼펜 □ 消(け)しゴム 지우개 □ ネクタイ 넥타이
- □ ハンカチ 손수건 □ 韓国語(かんこくご) 한국어 □ 中国語(ちゅうごくご) 중국어

○ 문형으로 말하기

これは あなたの じしょですか。

はい、それは 私の じしょです。

それは 田中さんの ハンカチですか。

いいえ、これは 私の ハンカチでは ありません。

あれは 何の しんぶんですか。

あれは 中国語の しんぶんです。

생생 듣기 연습

Track 054

※ 녹음된 일본어를 듣고 다음 ______ 부분을 완성해 보세요.

1. これは ______ の さいふですか。
2. はい、それは ______ さいふです。
3. それは あなたの ______。
4. はい、あれは ______。
5. ______。

1. 다음 (　) 안에 「は」나 「の」를 써 넣으세요.

① 永井さん(　) 消しゴム(　) どれですか。

② はい、これ(　) 私(　) ノートです。

③ では、それ(　) 何(　) 新聞ですか。

2. 다음 물음에 (　) 안의 말을 사용하여 답하세요.

① これは あなたの ネクタイですか。(はい)

→ ______________________________

② あなたの 車は どれですか。(あれ)

→ ______________________________

③ あれは 何の 新聞ですか。(韓国語)

→ ______________________________

3. 다음 일본어를 우리말로 옮기세요.

① はい、それは わたしの じしょです。

→ ______________________________

② これも 永井さんの ノートですか。

→ ______________________________

③ それは 私の 消しゴムでは ありません。

→ ______________________________

4. 다음 우리말을 일본어로 옮기세요.

① 그것은 저의 지갑이 아닙니다.

→ ______________________________

② 저것도 田中씨의 볼펜입니까?

→ ______________________________

③ 그러면, 그것은 당신의 손수건입니까?

→ ______________________________

꼭! 꼭! 외워 두기

◉ 기본 숫자(4)

千(せん)	二千(にせん)	三千(さんぜん)	四千(よんせん)	五千(ごせん)
六千(ろくせん)	七千(ななせん)	八千(はっせん)	九千(きゅうせん)	万(まん)

UNIT 09

その 花は さくらです

학습 Point

この・その・あの + 명사

생생 회화 Track 055

田中 この 花(はな)は さくらですか。

小川 はい、その 花は さくらです。

田中 その くだものは ももですか。

小川 いいえ、この くだものは ももでは ありません。
いちごです。

田中 あの やさいも ほうれんそうですか。

小川 いいえ、あの やさいは ほうれんそうでは ありません。
キャベツです。

○ 확실하게 이해하는 문법 이야기

1 この・その・あの・どの

「この・その・あの・どの」는 항상 명사 앞에서 그 명사를 수식하는 역할을 합니다. 그리고「この・その・あの・どの」는「これ・それ・あれ・どれ」와 마찬가지로 가리키는 거리에 따라 구분됩니다. 즉 가까운 것을 가리킬 때는 この(이), 중간 것은 その(그), 먼 것은 あの(저)라고 합니다. 그리고 정해지지 않은 것은 どの(어느)라고 합니다.

예 この さくら
その いちご
あの やさい
どの キャベツ

2 일본어에서도 띄어쓰기를 합니까?

일본어에서는 원칙적으로 띄어쓰기를 하지 않습니다. 이 점이 우리말과 다릅니다. 그런데 이 책에서는 띄어쓰기를 하고 있는데, 이것은 어디까지나 일본어를 처음 시작하는 학습자들의 이해를 돕기 위해 일부러 띄어쓰기를 해 둔 것입니다.

3 よみがな란?

예를 들어「花」위의「はな」처럼, 한자(漢字)의 읽는 방법을 나타내기 위해 작게 써서 표시한「かな」를「よみがな」라고 합니다. 이를 또「ふりがな」라고도 합니다. 이「よみがな」도 일본어 학습자를 위해 일부러 붙여 둔 것이며, 일반적인 일본어 문장에는 붙이지 않습니다.

새로 나온 어구

□ この 이 □ 花(はな) 꽃 □ さくら 벚꽃 □ その 그 □ くだもの(果物) 과일 □ もも(桃) 복숭아 □ いちご 딸기 □ あの 저 □ やさい(野菜) 야채, 채소 □ ほうれんそう 시금치 □ キャベツ 양배추

○ 튼튼 문형 만들기

1 この 花(はな)は つつじ / れんぎょう ですか。

2 はい、その 花は ばら / きく です。

3 この くだものも ぶどう / まくわうり ですか。

4 あの やさいは じゃがいも / さつまいも では ありません。

새로 나온 어구

□ つつじ 진달래 □ れんぎょう 개나리 □ ばら 장미 □ きく(菊) 국화 □ ぶどう 포도 □ まくわうり 참외 □ じゃがいも 감자
□ さつまいも 고구마

문형으로 말하기

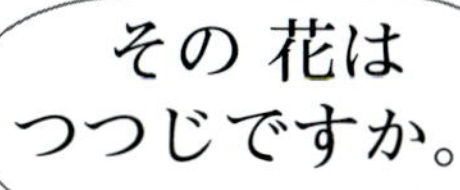

はい、この 花は
つつじです。

あの くだものも
ぶどうですか。

はい、あの くだものも
ぶどうです。

その やさいも
じゃがいもですか。

いいえ、この やさいは じゃがいもでは
ありません。さつまいもです。

생생 듣기 연습

Track 058

※ 녹음된 일본어를 듣고 다음 ＿＿ 부분을 완성해 보세요.

1. この 花は＿＿＿＿＿＿ですか。
2. その＿＿＿＿＿＿は ももですか。
3. この くだものは＿＿＿＿＿＿＿＿＿。
4. ＿＿＿＿＿＿も ほうれんそうですか。
5. ＿＿＿＿＿＿＿＿＿＿＿＿＿＿。

실력 꾹!꾹! 다지기

1. 다음 단어의 뜻을 써 넣으세요.

① いちご → ____________________

② もも → ____________________

③ ばら → ____________________

④ きく → ____________________

⑤ れんぎょう → ____________________

⑥ まくわうり → ____________________

2. 다음 물음에 ( ) 안의 말을 사용하여 답하세요.

① この 花は れんぎょうですか。(はい)

→ ____

② あの くだものは いちごですか。(いいえ)

→ ____

③ その 花は ばらですか、きくですか。(ばら)

→ ____

3. 다음 일본어를 우리말로 옮기세요.

① はい、その くだものは ぶどうです。

→ ____________________

② この やさいは キャベツでは ありません。

→ ____________________

③ いいえ、あの 花は さくらでは ありません。

→ ____________________

4. 다음 우리말을 일본어로 옮기세요.

① 예, 저 야채는 시금치입니다.

→ ____________________

② 아니오, 이 꽃은 진달래가 아닙니다.

→ ____________________

③ 그 과일은 복숭아입니까, 참외입니까?

→ ____________________

꼭! 꼭! 외워 두기

◉ **기본 숫자(5)**

いちまん 一万	にまん 二万	さんまん 三万	よんまん 四万	ごまん 五万
ろくまん 六万	ななまん 七万	はちまん 八万	きゅうまん 九万	じゅうまん 十万

UNIT 10

この 人は だれですか

학습 Point

だれ・どなた

생생 회화 

永井 この 人(ひと)は だれですか。

小川 その 人は 中村(なかむら)さんです。

永井 その 方(かた)は どなたですか。

小川 この 方は 金さんです。

永井 あの 方は 日本人(にほんじん)ですか。

小川 はい、そうです。

永井 あの 方は 山田先生(やまだせんせい)ですか。

小川 いいえ、そうでは ありません。
あの 方は 林先生(はやしせんせい)です。

확실하게 이해하는 문법 이야기

1 方(かた) 분

「方」는 「人」의 존경어이며, 우리말의 '분'에 해당합니다.

예 この 人(이 사람) → この 方(이 분)

2 どなた 어느 분

「どなた」는 「だれ」의 존경어이며, 우리말의 '어느 분'에 해당합니다.

예 あの 方は どなたですか。

3 そうです 그렇습니다

「そうです」는 「そうだ」의 공손어이며, 우리말의 '그렇습니다'에 해당합니다. 이의 부정형은 「そうでは ありません」입니다.

4 人(ひと)・人(じん)

한자 「石」을 '돌'이라고 읽는다면, 이는 뜻을 새겨서 읽는 '훈독(訓読)'이 되고, '석'이라고 읽으면 음에 따라 읽는 '음독(音読)'이 됩니다. 우리말에서 한자는 모두 '음독'을 하지만, 일본어에서는 「人」을 「ひと」라고 읽는 '훈독'과 「じん」이라고 읽는 '음독' 두 가지가 사용됩니다.

예 日本の人(일본 사람)　　日本人(일본인)

5 男の人・女の人

사람을 직접 가리켜 말할 때 「男」와 「女」만을 쓰면 실례가 되기 때문에, 여기에 「人(ひと)」나 「方(かた)」를 붙여서 사용합니다.

예 男の 人(남자) → 男の 方(남자 분)
女の 人(여자) → 女の 方(여자 분)

새로 나온 어구

□ 人(ひと) 사람 □ だれ 누구 □ 中村(なかむら) 일본인의 성 □ 方(かた) 분 □ どなた 누구, 어느 분 □ 金(ギム) 한국인의 성
□ 日本人(にほんじん) 일본인 □ そうです 그렇습니다 □ 山田(やまだ) 일본인의 성 □ 林(はやし) 일본인의 성
□ そうでは ありません 그렇지 않습니다

튼튼 문형 만들기

1 その 男(おとこ)の 人(ひと) / 女(おんな)の 人 は だれですか。

2 あの 男の 方(かた) / 女の 方 は どなたですか。

3 この 男の 学生(がくせい)は 韓国人(かんこくじん) / アメリカ人(じん) ですか。

4 あの 女の 先生(せんせい)は 中国人(ちゅうごくじん) / イギリス人(じん) です。

새로 나온 어구

□ 男(おとこ) 남자, 사나이 □ 女(おんな) 여자, 계집 □ 男(おとこ)の 人(ひと) 남자 □ 女(おんな)の 人(ひと) 여자
□ 男(おとこ)の 方(かた) 남자 분 □ 女(おんな)の 方(かた) 여자 분 □ 韓国人(かんこくじん) 한국인
□ 中国人(ちゅうごくじん) 중국인 □ アメリカ人(じん) 미국인 □ イギリス人(じん) 영국인

문형으로 말하기

Track 061

あの 女の 人は
だれですか

あの 女の 人は
山田さんです。

この 男の 方は
どなたですか。

その 男の 方は
中村先生です。

あの 男の 先生は
アメリカ人ですか。

いいえ、そうでは ありません。
イギリス人です。

생생 듣기 연습

Track 062

※ 녹음된 일본어를 듣고 다음 ______ 부분을 완성해 보세요.

1. この 人は ______ ですか。
2. その 方は ______ ですか。
3. ______ は 日本人ですか。
4. ______ 。
5. いいえ、 ______ 。

실력 꼭!꼭! 다지기

1. 다음을 한자와 ひらがな를 써서 일본어로 옮기세요.

① 이 사람 → ____________________

② 저 분 → ____________________

③ 남학생 → ____________________

④ 여선생 → ____________________

⑤ 남자 분 → ____________________

⑥ 여자 분 → ____________________

2. 다음 물음에 ( ) 안의 말을 사용하여 답하세요.

① この 女の 学生は だれですか。(金さん)

→ ____

② あの 男の 先生は どなたですか。(中村先生)

→ ____

③ この 方は 韓国人ですか。(いいえ、中国人)

→ ____

3. 다음 일본어를 우리말로 옮기세요.

① この 男の 人は だれですか。

→ ____________________

② その 女の 先生は どなたですか。

→ ____________________

③ あの 男の 方は イギリス人です。

→ ____________________

4. 다음 우리말을 일본어로 옮기세요.

① 그 여자 분은 누구십니까?

→ ____________________

② 저 남학생은 山田씨입니다.

→ ____________________

③ 아니오, 그렇지 않습니다. 미국인입니다.

→ ____________________

꼭! 꼭! 외워 두기

◉ **기본 숫자(6)**

十万(じゅうまん)	二十万(にじゅうまん)	三十万(さんじゅうまん)	四十万(よんじゅうまん)	五十万(ごじゅうまん)
六十万(ろくじゅうまん)	七十万(ななじゅうまん)	八十万(はちじゅうまん)	九十万(きゅうじゅうまん)	百万(ひゃくまん)

UNIT 11

それは 私のです

학습 Point

「の」의 용법(2)

생생 회화

Track 063

山田 この カメラは あなたのですか。

田中 はい、それは 私(わたし)のです。

山田 この 時計(とけい)も あなたのですか。

田中 いいえ、それは 私のでは ありません。李さんのです。

山田 あの コンピューターは だれのですか。

田中 あの コンピューターは 森(もり)さんのです。

山田 あの かさも 森さんのですか。

田中 いいえ、あの かさは 山本(やまもと)さんのです。

확실하게 이해하는 문법 이야기

1 ～の ～의 것

조사「の」에는 명사에 붙어 그 명사의 '소유' 또는 '소속'을 나타내면서 그 전체가 또 하나의 명사의 역할을 하는 용법이 있습니다. 이때의 용법「の」는 우리말의 '～의 것'에 해당합니다.

예 私のです。

先生のですか。

위의「先生」라는 명사에 붙은「の」는 소유 또는 소속을 나타내면서「先生の」 전체가 '선생님의 것'이라는 명사의 역할을 하는 것입니다.

2 외래어의 표기

앞에서도 많이 나온 것처럼, 이번 과에서도「カメラ」,「コンピューター」와 같은 외래어가 나오고 있는데, 이 외래어들은 모두「カタカナ」로 표기를 합니다.「カタカナ」를 자유자재로 읽고 쓸 수 있도록 꾸준히 연습하시기 바랍니다.

3 일본인의 성(姓)

성씨의 종류는 한국의 경우 약 300개인 데에 비해, 일본은 약 13만 개 정도로 엄청 많습니다. 참고로 일본인의 1위부터 10위까지의 성씨를 소개합니다.

① 佐藤(さとう) ② 鈴木(すずき) ③ 高橋(たかはし)
④ 田中(たなか) ⑤ 渡辺(わたなべ) ⑥ 伊藤(いとう)
⑦ 山本(やまもと) ⑧ 中村(なかむら) ⑨ 小林(こばやし)
⑩ 加藤(かとう)

새로 나온 어구

□ カメラ 카메라 □ ～の ～의 것 □ 時計(とけい) 시계 □ 李(イ) 한국인의 성 □ コンピューター 컴퓨터 □ 森(もり) 일본인의 성 □ かさ(傘) 우산 □ 山本(やまもと) 일본인의 성

튼튼 문형 만들기

1 あの [ラジオ / テレビ] は あなたのですか。

2 この 時計(とけい)は [ともだち / せんぱい] のです。

3 その [スカート / マフラー] は だれのですか。

4 この [お金(かね) / 手紙(てがみ)] は 山本(やまもと)さんのです。

새로 나온 어구

□ ラジオ 라디오 □ テレビ 텔레비전 □ ともだち(友達) 친구(들) □ せんぱい(先輩) 선배 □ スカート 스커트 □ マフラー 머플러
□ お金(かね) 돈 □ 手紙(てがみ) 편지

문형으로 말하기

Track 065

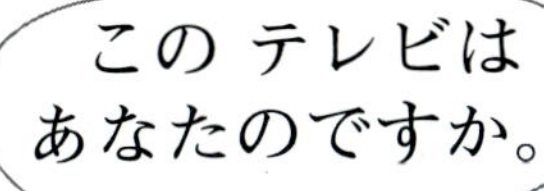
この テレビは
あなたのですか。

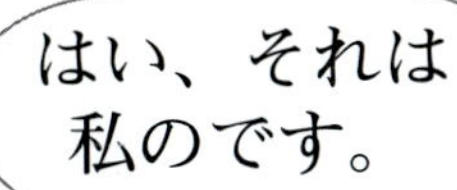
はい、それは
私のです。

この マフラーは
だれのですか。

その マフラーは
ともだちのです。

あの 手紙は
山本さんのですか。

いいえ、あの 手紙は
李さんのです。

생생 듣기 연습

Track 066

※ 녹음된 일본어를 듣고 다음 ______ 부분을 완성해 보세요.

1. この ______ は あなたのですか。
2. はい、それは ______ です。
3. ______ も あなたのですか 。
4. あの ______ は だれのですか。
5. ______ 山本さんのです。

실력 꾹!꾹! 다지기

1. 다음 외래어를 カタカナ로 표기하세요.

① 카메라 → ____________________

② 컴퓨터 → ____________________

③ 라디오 → ____________________

④ 텔레비전 → ____________________

⑤ 머플러 → ____________________

⑥ 스커트 → ____________________

2. 다음 물음에 ( ) 안의 말을 사용하여 답하세요.

① この ラジオは あなたのですか。(はい)

→ ____

② あの スカートも あなたのですか。(いいえ)

→ ____

③ その 手紙は だれのですか。(ともだち)

→ ____

3. 다음 일본어를 우리말로 옮기세요.

① この カメラは 私のでは ありません。

→ ______________________________

② はい、あの コンピューターは ともだちのです。

→ ______________________________

③ いいえ、その 金は せんぱいのでは ありません。

→ ______________________________

4. 다음 우리말을 일본어로 옮기세요.

① 저 텔레비전은 당신의 것입니까?

→ ______________________________

② 예, 그 머플러는 山本씨의 것입니다.

→ ______________________________

③ 이 컴퓨터는 누구의 것입니까?

→ ______________________________

꼭! 꼭! 외워 두기

◉ **기본 숫자(7)**

百万(ひゃくまん)	二百万(にひゃくまん)	三百万(さんびゃくまん)	四百万(よんひゃくまん)	五百万(ごひゃくまん)
六百万(ろっぴゃくまん)	七百万(ななひゃくまん)	八百万(はっぴゃくまん)	九百万(きゅうひゃくまん)	千万(せんまん)

UNIT 12

東京駅は どこですか

학습 Point

ここ・そこ・あそこ・どこ

생생 회화 Track 067

山本 東京駅(とうきょうえき)は どこですか。

田中 東京駅は あそこです。

山本 銀行(ぎんこう)は どこですか。

田中 銀行は 駅の 前(まえ)です。

山本 学校(がっこう)は どこですか。

田中 学校は あの 建物(たてもの)の 前です。

山本 吉田(よしだ)さんの うちは どこですか。

田中 私の うちは 道(みち)の 向(む)こうです。

○ 확실하게 이해하는 문법 이야기

1 ここ・そこ・あそこ・どこ

「ここ・そこ・あそ・どこ」는 '장소'를 가리키는 말로서, 앞에서 공부한「これ・それ・あれ・どれ」의 경우와 마찬가지로 가리키는 거리에 따라 달라집니다.

즉 가까운 것을 가리킬 때는 ここ(여기), 중간 것을 가리킬 때는 そこ(거기), 먼 것을 가리킬 때는 あそこ(저기)라고 합니다. 그리고 정해지지 않은 것은 どこ(어디)라고 합니다.

예 ここは 東京(とうきょう)です。
そこは どこですか。

2 駅の前 역 앞

조사「の」의 경우 우리말의 '의'로 나타내지 않고 생략하는 것이 자연스러울 때가 있습니다.

예 建物(たてもの)の 前(まえ)
道(みち)の 向(む)こう

3 東京의 우리말 표기

일본의 수도인「東京(とうきょう)」를 우리말로 표기할 때는 외래어 표기법에 따라야 하는데, 현재의 표기법으로서는 '도쿄'가 가장 적합한 표기입니다.「東京」의 일본 발음에는 장음(長音)이 들어 있기는 하나, 우리의 외래어 표기법에는 장음을 나타내지 않습니다.

「九州(きゅうしゅう)」를 '큐우슈우'라 하지 않고 '규슈'로, 'New York'을 '뉴우요오크'라 하지 않고 '뉴욕'으로 표기하는 것과 마찬가지입니다.

새로 나온 어구

□ 東京(とうきょう) 일본의 수도 □ 駅(えき) 역 □ どこ 어디 □ あそこ 저기 □ 銀行(ぎんこう) 은행 □ 前(まえ) 앞, 앞쪽
□ 学校(がっこう) 학교 □ 建物(たてもの) 건물 □ 吉田(よしだ) 일본인의 성 □ うち 집 □ 道(みち) 길 □ 向(む)こう 건너편

튼튼 문형 만들기

Track 068

1

大阪駅(おおさかえき) 

京都駅(きょうとえき) 

は どこですか。

2

銀行(ぎんこう)は 駅(えき)の

右(みぎ) 

左(ひだり) 

です。

3

学校(がっこう)は あの

郵便局(ゆうびんきょく) 

図書館(としょかん) 

の 後(うし)ろです。

4

私(わたし)の うちは

山(やま) 

川(かわ) 

の 向(む)こうです。

새로 나온 어구

□ 大阪(おおさか) 일본의 도시명 □ 京都(きょうと) 일본의 도시명 □ 右(みぎ) 오른쪽 □ 左(ひだり) 왼쪽
□ 郵便局(ゆうびんきょく) 우체국 □ 後(うし)ろ 뒤, 뒤쪽 □ 図書館(としょかん) 도서관 □ 山(やま) 산 □ 山川(かわ) 강

문형으로 말하기

Track 069

銀行は
どこですか。

銀行は 大阪駅の
後ろです。

郵便局は
どこですか。

郵便局は あの
学校の 左です。

あなたの うちは
どこですか。

私の うちは 川の
向こうです。

생생 듣기 연습

Track 070

※ 녹음된 일본어를 듣고 다음 ______ 부분을 완성해 보세요.

1. 東京駅は ______ です。
2. ______ は どこですか。
3. 銀行は ______ です。
4. 学校は ______ の 前です。
5. 私の うちは ______。

실력 꼭!꼭! 다지기

1. 다음 단어를 한자는 ひらがな로, ひらがな는 한자로 옮기세요.

① 建物 → ______________

② とうきょう → ______________

③ 郵便局 → ______________

④ ぎんこう → ______________

⑤ 図書館 → ______________

⑥ がっこう → ______________

2. 다음 물음에 ( ) 안의 말을 사용하여 답하세요.

① 京都駅は どこですか。(あそこ)

→ ______________________________

② 郵便局は どこですか。(銀行の 後ろ)

→ ______________________________

③ 図書館は どこですか。(山の 向こう)

→ ______________________________

3. 다음 일본어를 우리말로 옮기세요.

① 学校は あの 建物の 後ろです。

→ ______________________________

② 郵便局は あの 銀行の 右です。

→ ______________________________

③ 私の うちは 道の 向こうです。

→ ______________________________

4. 다음 우리말을 일본어로 옮기세요.

① 은행은 저 건물 앞입니다.

→ ______________________________

② 도서관은 저 은행 왼쪽입니다.

→ ______________________________

③ 학교는 역 건너편입니다.

→ ______________________________

꼭! 꼭! 외워 두기

◉ **기본 숫자(8)**

千万(せんまん)	二千万(にせんまん)	三千万(さんぜんまん)	四千(よんせん)	五千万(ごせんまん)
六千万(ろくせんまん)	七千万(ななせんまん)	八千万(はっせんまん)	九千万(きゅうせんまん)	億(おく)

UNIT 13

東は どちらですか

학습 Point

こちら・そちら・あちら・どちら

생생 회화

吉田 朴さんの うちは ソウルですか。

朴 はい、そうです。ソウルです。

吉田 ソウルの どちらですか。ソウル駅(えき)の 近(ちか)くですか。

朴 いいえ、ソウル駅の 近くでは ありません。
これは ソウル市(し)の 地図(ちず)です。
ソウル駅は ここです。
私(わたし)の うちは この 辺(へん)です。

吉田 東(ひがし)は どちらですか。

朴 東は こちらです。
私の うちは ソウル駅の 南(みなみ)です。

○ 확실하게 이해하는 문법 이야기

1 こちら・そちら・あちら・どちら

「こちら・そちら・あちらこ・どちら」는 '방향'을 가리키는 말로서, 가까운 것을 가리킬 때는 こちら(이쪽), 중간 것을 가리킬 때는 そちら(그쪽), 먼 것을 가리킬 때는 あちら(저쪽)라고 합니다. 그리고 정해지지 않은 것은 どちら(어느 쪽)라고 합니다.

예 ソウル駅は どちらですか。

2 우리말의 로마자 표기

우리말의 인명이나 지명 같은 고유명사를 로마자로 표기하면 어떻게 될까요? 예를 들어 'ㅂ'은 [p]와 [b]로 발음이 납니다. 즉 단어의 첫머리인 어두(語頭)에 오면 [p]가 되고, 그 외는 [b]가 됩니다. 그래서 '부산'을 'Pusan'으로 표기해 왔는데, 최근에 로마자 표기법이 개정되어 모음 앞에서는 [B]로 통일되었지요. 이에 따라 다음과 같이 바뀐 것입니다.

부산 : Pusan → Busan

대구 : Taegu → Daegu

이러한 취지에 따라 여기에서도 다음과 같이 표기를 합니다.

釜山 : プサン → ブサン

金 : キム → ギム

3 東・西・南・北

방향을 나타내는 동 · 서 · 남 · 북의 단어는 다음과 같습니다.

東(ひがし) : 동, 동쪽　　西(にし) : 서, 서쪽

南(みなみ) : 남, 남쪽　　北(きた) : 북, 북쪽

東西南北(とうざいなんぼく) 동서남북

새로 나온 어구

□ 朴(バク) 한국인의 성 □ ソウル 서울, 한국의 수도 □ どちら 어느 쪽, 어디 □ 近(ちか)く 가까운 곳, 근처 □ 市(し) 시
□ 地図(ちず) 지도 □ 辺(へん) 부근, 근처 □ 東(ひがし) 동, 동쪽 □ こちら 이쪽, 여기 □ 南(みなみ) 남, 남쪽

튼튼 문형 만들기

Track 072

1 朴さんの [大学(だいがく) / 会社(かいしゃ)] は どちらですか。

2 うちは [食堂(しょくどう) / 病院(びょういん)] の 近(ちか)くです。

3 [デパート / ホテル] は この 辺(へん)です。

4 [入口(いりぐち) / 出口(でぐち)] は こちらです。

새로 나온 어구

□ 大学(だいがく) 대학 □ 会社(かいしゃ) 회사 □ 食堂(しょくどう) 식당 □ 病院(びょういん) 병원 □ デパート 백화점
□ ホテル 호텔 □ 入口(いりぐち) 입구 □ 出口(でぐち) 출구

문형으로 말하기

Track 073

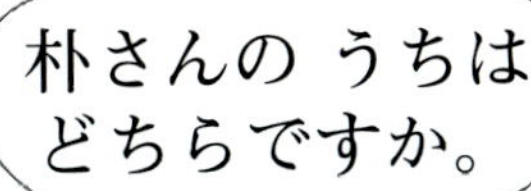
朴さんの うちは
どちらですか。

私の うちは
会社の 近くです。

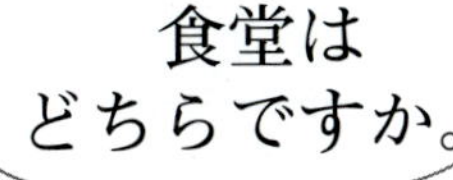
食堂は
どちらですか。

食堂は 大学の
近くです。

デパートの 入口は
どちらですか。

デパートの 入口は
そちらです。

생생 듣기 연습

Track 074

※ 녹음된 일본어를 듣고 다음 ______ 부분을 완성해 보세요.

1. 朴さんの うちは ______ ですか。
2. ______ の 近くですか。
3. これは ソウル市の ______ 。
4. ______ この 辺です。
5. ______ 。

실력 꼭!꼭! 다지기

1. 다음 단어의 뜻을 써 넣으세요.

① かいしゃ → ____________________

② しょくどう → ____________________

③ びょういん → ____________________

④ デパート → ____________________

⑤ いりぐち → ____________________

⑥ でぐち → ____________________

2. 다음 물음에 ( ) 안의 말을 사용하여 답하세요.

① 会社は ソウル駅の 近くですか。(はい)

→ ____

② 食堂は 病院の 近くですか。(いいえ)

→ ____

③ ホテルの 入口は どちらですか。(こちら)

→ ____

3. 다음 일본어를 우리말로 옮기세요.

① 朴さんの 大学は この 辺ですか。

→ ____________________

② いいえ、食堂は 会社の 近くでは ありません。

→ ____________________

③ これは ソウル市の 地図です。ソウル駅は ここです。

→ ____________________

4. 다음 우리말을 일본어로 옮기세요.

① 저의 집은 서울역 동쪽입니다.

→ ____________________

② 예, 백화점은 이 부근입니다.

→ ____________________

③ 호텔의 출구는 어느 쪽입니까?

→ ____________________

꼭! 꼭! 외워 두기

◉ **기본 숫자(9)**

一億(いちおく)	二億(におく)	十億(じゅうおく)	二十億(にじゅうおく)	百億(ひゃくおく)
二百億(にひゃくおく)	千億(せんおく)	二千億(にせんおく)	兆(ちょう)	京(きょう)

UNIT 14

何が ありますか

학습 Point

사물 · 식물 + あります

생생 회화 Track 075

田中 そこに 何(なに)が ありますか。

吉田 ここに 本立(ほんた)てが あります。

田中 そこに ほんだなも ありますか。

吉田 いいえ、ここには ほんだなは ありません。

田中 つくえの 上(うえ)に 何が ありますか。

吉田 つくえの 上には 人形(にんぎょう)が あります。

田中 いすの 上にも 人形が ありますか。

吉田 いいえ、いすの 上には 人形は ありません。
ざぶとんが あります。

○ 확실하게 이해하는 문법 이야기

1 あります 있습니다

동사(動詞)「ある」는 사물이나 식물처럼 무의지적(無意志的)인 것의 존재를 나타냅니다.「あります」는「ある」에 '공손'의 조동사「ます」가 연결된 형태입니다.

- ある：있다(기본형)
- あります：있습니다(기본 + 공손)
- ありません：없습니다(기본 + 공손 + 부정)

※「ありません」은 '없습니다'의 뜻이지만,「～では ありません」은 '～이/가 아닙니다'의 뜻입니다. 주의합시다.

예 本は ありません。
本では ありません。

2 ～に ～에

「に」는 '장소'를 나타내는 조사로서 우리말의 '～에'에 해당합니다.

예 ここに 人形が あります。

3 ～が ～이/가

「が」는 '주체'를 나타내는 조사로서 우리말의 '～이/가'에 해당합니다.

예 そこに 何が ありますか。

4 ～には ～에는 / ～にも ～에도

「には」는「に」에「は」가 결합된 것이고,「にも」는「に」에「も」가 결합된 것입니다.

예 ここには ありません。
そこにも ありますか。

새로 나온 어구

□ ～に ～에 □ ～が ～이/가 □ ある 있다 □ あります 있습니다 □ ありますか 있습니까 □ ありません 없습니다 本立(ほんた)て 책꽂이 □ ほんだな(本棚) 책장, 서가 □ ～には ～에는 □ 上(うえ) 위 □ 人形(にんぎょう) 인형 □ ～にも ～에도 □ ざぶとん 방석

○ 튼튼 문형 만들기

① ここに 戸(と) / 窓(まど) が あります。

② そこに ピアノ / ビデオ も ありますか。

③ ここに 木(き) / 石(いし) は ありません。

④ つくえの 上(うえ)には はさみ / ナイフ が あります。

새로 나온 어구

□ 戸(と) 문 □ 窓(まど) 창, 창문 □ ピアノ 피아노 □ ビデオ 비디오 □ 木(き) 나무 □ 石(いし) 돌 □ はさみ 가위
□ ナイフ 칼, 나이프

문형으로 말하기

ここに 何が
ありますか。

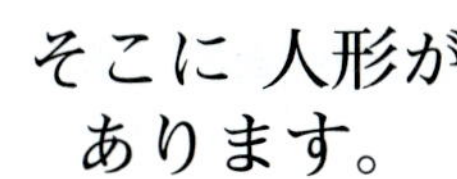

そこに ピアノも
ありますか。

いいえ、ここには
ピアノは ありません。

つくえの 上に
何が ありますか。

つくえの 上には
はさみが あります。

생생 듣기 연습

Track 078

※ 녹음된 일본어를 듣고 다음 ______ 부분을 완성해 보세요.

1. ここに ______ が あります。
2. そこに ______ も ありますか。
3. つくえの 上に ______。
4. ______ 人形が ありますか。
5. ______。

실력 꾹!꾹! 다지기

1. 다음 단어를 한자나 ひらがな, カタカナ를 써서 일본어로 옮기세요.

① 창문 → ______________________

② 문 → ______________________

③ 피아노 → ______________________

④ 나무 → ______________________

⑤ 가위 → ______________________

⑥ 나이프 → ______________________

2. 다음 물음에 (　) 안의 말을 사용하여 답하세요.

① つくえの 上に 本立てが ありますか。(はい)

→ ____

② そこに 石も ありますか。(いいえ)

→ ____

③ いすの 上には 何が ありますか。(ざぶとん)

→ ____

3. 다음 일본어를 우리말로 옮기세요.

① いいえ、ここには 窓は ありません。

→ ____________________

② そこに ビデオも ありますか。

→ ____________________

③ つくえの 上に ナイフが あります。

→ ____________________

4. 다음 우리말을 일본어로 옮기세요.

① 여기에는 문은 없습니다.

→ ____________________

② 아니오, 여기에 책장은 없습니다.

→ ____________________

③ 저기에는 나무도 있습니까?

→ ____________________

꼭! 꼭! 외워 두기

◉ **조수사(1)**

一つ(ひと) 二つ(ふた) 三つ(みっ) 四つ(よっ) 五つ(いつ) 六つ(むっ) 七つ(なな)

八つ(やっ) 九つ(ここの) 十(とお) 十一(じゅういち) 十二(じゅうに) いくつ

※「十一」는 '십일'도 되고, '열 하나'도 됩니다.

UNIT 15

何か ありますか

학습 Point

何が・何か・何も

생생 회화 Track 079

永井 へやの 中(なか)に 何(なに)が ありますか。

小川 電話(でんわ)や テーブルなどが あります。

永井 テーブルの 上(うえ)に 何か ありますか。

小川 はい、あります。

永井 何が ありますか。

小川 かびんが あります。

永井 テーブルの 下(した)にも 何か ありますか。

小川 いいえ、テーブルの 下には 何も ありません。

○ 확실하게 이해하는 문법 이야기

1 「何が」와 「何か」

「何が」의 「が」는 '주체'를 나타내는 조사로서 우리말의 '~이/가'에 해당하며, 「何か」의 「か」는 '불확실함'을 나타내는 조사로서 우리말의 '~인가, ~인지'에 해당합니다. 따라서 「何が」는 '무엇이', 「何か」는 '뭔가'의 뜻이 됩니다.

예 A : 何が ありますか。
B : 本が あります。
A : 何か ありますか。
B : いいえ、何も ありません。

2 何も 아무것도

「何も」는 우리말의 '무엇도', '아무것도'에 해당합니다.

예 何も ありません。

3 ～や ~이랑, ~이나

「や」는 '열거'를 나타내는 조사로서 우리말의 '~이랑, ~이나'에 해당합니다.

예 木(き)や 石(いし)
りんごや なし

4 위치를 나타내는 말

'위치'를 나타내는 말들을 익혀 둡시다.

前(まえ) : 앞, 앞쪽　　後ろ(うしろ) : 뒤, 뒤쪽
右(みぎ) : 오른쪽　　左(ひだり) : 왼쪽
上(うえ) : 위　　下(した) : 밑, 아래　　中(なか) : 안, 속

새로 나온 어구

□ へや 방 □ 中(なか) 안, 속 □ 電話(でんわ) 전화 □ ～や ~이랑, ~이나 □ テーブル 테이블 □ など 등, 따위 □ ～か ~인가, ~인지 □ かびん 꽃병, 화병 □ 下(した) 밑, 아래 □ 何(なに)も 아무것도

Track 080

1. たんす / 引出(ひきだ)し の 中(なか)に 何(なに)が ありますか。

2. へやの 中に れいぞうこ / せんぷうき が あります。

3. 電話(でんわ)や ベッド / ストーブ などが あります。

4. テーブルの 上(うえ)に かぎ / さら が あります。

새로 나온 어구

□ たんす 장롱 □ 引出(ひきだ)し 서랍 □ れいぞうこ 냉장고 □ せんぷうき 선풍기 □ ベッド 침대, 베드 □ ストーブ 난로, 스토브
□ かぎ 열쇠 □ さら(皿) 접시

문형으로 말하기

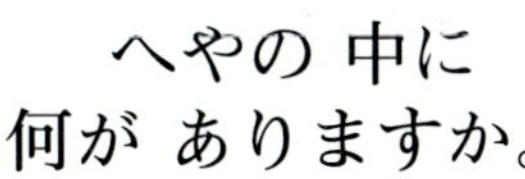

へやの 中に
何が ありますか。

たんすが
あります。

テーブルの 上に
何が ありますか。

かぎや さらなどが
あります。

テーブルの 下にも
何か ありますか。

いいえ、何も
ありません。

생생 듣기 연습

Track 082

※ 녹음된 일본어를 듣고 다음 ______ 부분을 완성해 보세요.

1. ______ の 中に 何が ありますか。
2. 電話や ______ などが あります。
3. テーブルの 上に ______ 。
4. ______ 。
5. ______ 何も ありません。

실력 꾹!꾹! 다지기

1. 다음 ( ) 안에 알맞은 말을 넣으세요.

① A : テーブル(　) 上(　) 何(　) ありますか。

　B : はい、あります。

② A : テーブル(　) 下(　) 何(　) ありますか。

　B : さらが あります。

2. 다음 물음에 ( ) 안의 말을 사용하여 답하세요.

① へやの 中に 何が ありますか。(れいぞうこ)

→ ____________________

② テーブルの 上に 何か ありますか。(はい)

→ ____________________

③ テーブルの 下にも 何か ありますか。(いいえ)

→ ____________________

3. 다음 일본어를 우리말로 옮기세요.

① へやの 中に たんすや 電話などが あります。

→ ____________________

② テーブルの 上に かびんが あります。

→ ____________________

③ 引出しの 中に かぎや さらなどが あります。

→ ____________________

4. 다음 우리말을 일본어로 옮기세요.

① 방 안에 선풍기가 있습니다.

→ ____________________

② 예, 침대랑 스토브 등이 있습니다.

→ ____________________

③ 장롱 안에는 아무 것도 없습니다.

→ ____________________

꼭! 꼭! 외워 두기

◉ 조수사(2)

一人(ひとり)	二人(ふたり)	三人(さんにん)	四人(よにん)	五人(ごにん)	六人(ろくにん)
七人(しちにん)	八人(はちにん)	九人(きゅうにん)	十人(じゅうにん)	十一人(じゅういちにん)	何人(なんにん)

※「七人」은 [ななにん],「九人」은 [くにん]이라고도 합니다.

UNIT 16

だれが いますか

학습 Point

사람 · 동물 + います

생생 회화 Track 083

吉田 そこに だれが いますか。

田中 ここに 鈴木(すずき)さんと 小林(こばやし)さんが います。

吉田 そこに 高橋(たかはし)さんも いますか。

田中 いいえ、ここには 高橋さんは いません。

吉田 教室(きょうしつ)に 今(いま) だれが いますか。

田中 教室には 今 崔さんと 鄭さんが います。

吉田 李先生(せんせい)は 今 どこに いますか。

田中 李先生は 今 運動場(うんどうじょう)に います。

확실하게 이해하는 문법 이야기

1 います 있습니다

동사「ある」가 사물이나 식물과 같은 무의지적(無意志的)인 것의 존재를 나타내는 데에 비해, 「いる」는 사람이나 동물과 같은 의지적(意志的)인 것의 존재를 나타냅니다. 「います」는「いる」에「ます」가 연결된 형태입니다.

- いる : 있다(기본형)
- います : 있습니다(기본 + 공손)
- いません : 없습니다(기본 + 공손 + 부정)

2 ～と ～와/과

「と」는 조사로서 여러 가지 중에서 '전부를 열거'한 것을 나타내며, 우리말의 '~와/과' 에 해당합니다. 이에 비해 앞에서 배운「や」는 '일부를 열거'한 것을 나타낸다는 점에서 약간 다릅니다.

예 りんごと なし
りんごや なし

3 한국인의 성(姓)

일본인의 성씨의 종류는 약 13만 개 정도이며, 이에 비해 한국인의 경우 약 300개가 있다고 앞에서 설명한 적이 있습니다. 이번에는 한국인의 1위부터 10위까지의 성씨를 소개해 보면 다음과 같지요.

① 金(김, ギム) ② 李(이, イ) ③ 朴(박, バク)
④ 崔(최, チェ) ⑤ 鄭(정, ジョン) ⑥ 姜(강, ガン)
⑦ 趙(조, ジョ) ⑧ 尹(윤, ユン) ⑨ 張(장, ジャン)
⑩ 林(임, イム)

새로 나온 어구

□ いる 있다 □ います 있습니다 □ いますか 있습니까? □ いません 없습니다 □ 鈴木(すずき) 일본인의 성 □ ～と ~와/과
□ 小林(こばやし) 일본인의 성 □ 高橋(たかはし) 일본인의 성 □ 教室(きょうしつ) 교실 □ 今(いま) 지금
□ 崔(チェ) 한국인의 성 □ 鄭(ジョン) 한국인의 성 □ 運動場(うんどうじょう) 운동장

튼튼 문형 만들기

Track 084

① そこに 鳥(とり) / 魚(さかな) も いますか。

② ここに 犬(いぬ)と 猫(ねこ) / 牛(うし)と 馬(うま) が います。

③ トイレ / お手洗(てあら)い に 今(いま) だれが いますか。

④ 鈴木(すずき)さんは 今 とこや / 美容院(びよういん) に います。

새로 나온 어구

□ 鳥(とり) 새 □ 魚(さかな) 물고기, 생선 □ 犬(いぬ) 개 □ 猫(ねこ) 고양이 □ 牛(うし) 소 □ 馬(うま) 말 □ トイレ 화장실
□ お手洗(てあら)い 화장실 □ とこや 이발소 □ 美容院(びよういん) 미용실

문형으로 말하기

Track 085

そこに 何が いますか。

ここに 鳥と 魚が います。

そこに 犬も いますか。

いいえ、ここには 犬は いません。

鈴木さんは 今 どこに いますか。

鈴木さんは 今 とこやに います。

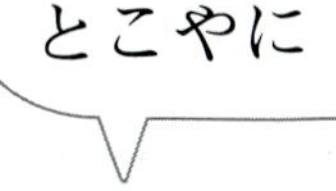

생생 듣기 연습

※ 녹음된 일본어를 듣고 다음 ______ 부분을 완성해 보세요.

1. そこに ______ が いますか。
2. そこに 高橋さんも ______。
3. ここには 高橋さんは ______。
4. ______ 今 だれが いますか。
5. 李先生は ______。

실력 꾹!꾹! 다지기

1. 다음 단어를 한자는 ひらがな로, ひらがな는 한자로 옮기세요.

① 教室 → ____________________

② ねこ → ____________________

③ 運動場 → ____________________

④ うし → ____________________

⑤ 美容院 → ____________________

⑥ うま → ____________________

2. 다음 물음에 ( ) 안의 말을 사용하여 답하세요.

① そこに 何が いますか。(牛と 馬)

→ ____

② そこに 魚も いますか。(いいえ)

→ ____

③ トイレに 今 だれが いますか。(崔さん)

→ ____

3. 다음 일본어를 우리말로 옮기세요.

① とこやには 鈴木さんと 小林さんが います。

→ ______________________________

② 高橋さんは 今 お手洗いに います。

→ ______________________________

③ 運動場には 崔さんと 鄭さんが います。

→ ______________________________

4. 다음 우리말을 일본어로 옮기세요.

① 여기에 개와 고양이가 있습니다.

→ ______________________________

② 아니오, 여기에는 새는 없습니다.

→ ______________________________

③ 미용실에는 지금 누가 있습니까?

→ ______________________________

꼭! 꼭! 외워 두기

◉ **조수사(3)**

いっぽん 一本	にほん 二本	さんぼん 三本	よんほん 四本	ごほん 五本	ろっぽん 六本
ななほん 七本	はっぽん 八本	きゅうほん 九本	じっぽん 十本	なんぼん 何本	

※ 연필이나 병처럼 둥글고 긴 것의 단위를 말할 때 쓰입니다.

UNIT 17

だれか いますか

학습 Point

だれが・だれか・だれも

생생 회화

中村 事務室(じむしつ)に だれが いますか。

小林 事務室には 渡辺(わたなべ)さんや 石田(いしだ)さんが います。

中村 伊藤(いとう)さんも いますか。

小林 いいえ、伊藤さんは いません。

中村 金社長(しゃちょう)は 今(いま) どこに いますか。

小林 金社長は 今 応接室(おうせつしつ)に います。

中村 二階(にかい)に だれか いますか。

小林 いいえ、二階には だれも いません。

○ 확실하게 이해하는 문법 이야기

1 「だれが」와 「だれか」

앞에서 공부한 대로, 「だれが」의 「が」는 '주체'를 나타내며, 「だれか」의 「か」는 '불확실함'을 나타내는 조사입니다. 따라서 「だれが」는 '누가'의 뜻이 되며, 「だれか」는 '누군가'의 뜻이 됩니다.

예 A : だれが いますか。
B : 金さんが います。
A : だれか いますか。
B : いいえ、だれも いません。

2 社長・部長・課長

'사장 · 부장 · 과장'과 같은 직책이나 직명을 나타내는 말은 그 자체가 경칭(敬称)이므로 여기에는 「さん」을 붙이지 않아도 됩니다. 같은 직장에서는 「さん」을 붙이지 않고 그냥 「部長!」, 「課長!」라고 부르는 것이 일반적입니다.

이러한 단어들을 우리말로 옮길 때는 상황에 따라 '님'을 생략할 수도 있습니다.

3 二階 2층

우리말에서는 '1층 · 2층 · 3층……'을 한자로는 「一層・二層・三層……」으로 표기하지만, 일본어에서는 「一階・二階・三階……」로 표기합니다. 이와 같이 우리말과 일본어가 일치하지 않는 것도 상당히 많은데, 이 점에 대해서는 관심을 갖고 특별히 기억해 두기 바랍니다.

새로 나온 어구

□ 事務室(じむしつ) 사무실 □ 渡辺(わたなべ) 일본인의 성 □ 石田(いしだ) 일본인의 성 □ 伊藤(いとう) 일본인의 성
□ 社長(しゃちょう) 사장(님) □ 金社長(キムしゃちょう) 김사장(님) □ 応接室(おうせつしつ) 응접실 □ 二階(にかい) 2층
□ だれか 누구인가, 누군가 □ だれも 누구도, 아무도

튼튼 문형 만들기

1

店(みせ)

庭(にわ)

に だれが いますか。

2

金部長(ぶちょう)

李課長(かちょう)

は 今(いま) どこに いますか。

3

伊藤(いとう)さんは 今

講堂(こうどう)

体育館(たいいくかん)

に います。

4

一階(いっかい)

三階(さんがい)

には だれも いません。

새로 나온 어구

□ 店(みせ) 가게, 상점 □ 庭(にわ) 뜰, 정원 □ 部長(ぶちょう) 부장(님) □ 課長(かちょう) 과장(님) □ 講堂(こうどう) 강당
□ 体育館(たいいくかん) 체육관 □ 一階(いっかい) 1층 □ 三階(さんがい) 3층

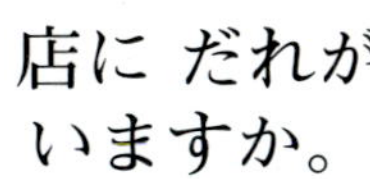

Track 089

店に だれが いますか。

店には 金さんや 石田さんが います。

李課長は 今 どこに いますか。

李課長は 今 講堂に います。

三階に だれか いますか。

いいえ、三階には だれも いません。

생생 듣기 연습

Track 090

※ 녹음된 일본어를 듣고 다음 ______ 부분을 완성해 보세요.

1. 事務室に ______ いますか。
2. いいえ、伊藤さんは ______。
3. 金社長は 今 ______。
4. 金社長は 今 ______。
5. いいえ、______。

실력 꼭!꼭! 다지기

1. 다음 (　) 안에 「あります」나 「います」를 써 넣으세요.

① へやの 中に 電話が (　　　)。

② 伊藤さんは 今 応接室に (　　　)。

③ テーブルの 上に かびんが (　　　)。

2. 다음 물음에 (　) 안의 말을 사용하여 답하세요.

① 庭に だれが いますか。(李さんや 石田さん)

→ ______________________________

② 金課長は 今 どこに いますか。(応接室)

→ ______________________________

③ 一階に だれか いますか。(いいえ)

→ ______________________________

3. 다음 일본어를 우리말로 옮기세요.

① 事務室には 金部長や 李課長が います。

→ ______________________________

② 渡辺さんは 今 体育館に います。

→ ______________________________

③ いいえ、伊藤さんは 店に いません。

→ ______________________________

4. 다음 우리말을 일본어로 옮기세요.

① 응접실에는 李사장님이 있습니다.

→ ______________________________

② 伊藤선생님은 지금 강당에 있습니다.

→ ______________________________

③ 아니오, 2층에는 아무도 없습니다.

→ ______________________________

꼭! 꼭! 외워 두기

◉ **조수사(4)**

一階(いっかい)	二階(にかい)	三階(さんがい)	四階(よんかい)	五階(ごかい)	六階(ろっかい)
七階(ななかい)	八階(はちかい)	九階(きゅうかい)	十階(じっかい)	何階(なんがい)	

※ 건물의 층수를 말할 때 주로 사용합니다.

UNIT 18

いくつ ありますか

학습 Point

いくつ

생생 회화 

鈴木 建物(たてもの)の 中(なか)に 教室(きょうしつ)は いくつ ありますか。

田中 教室は 二十四(にじゅうよん) あります。

鈴木 教室の 中に つくえは いくつ ありますか。

田中 つくえは 三十六(さんじゅうろく) あります。

鈴木 みんな 学生(がくせい)の つくえですか。

田中 いいえ、学生の つくえだけでは ありません。
先生(せんせい)の つくえも あります。

鈴木 先生の つくえは いくつ ありますか。

田中 先生の つくえは 一(ひと)つしか ありません。

○ 확실하게 이해하는 문법 이야기

1 いくつ 몇 개

「いくつ」는 물건의 개수나 사람의 나이를 물을 때 쓰는 말로서, 우리말의 '몇 개' 또는 '몇 살'에 해당합니다.

예 いすは いくつ ありますか。
鈴木さんは ことし いくつですか。

2 二十四 24, 24개

일본어에서는 한국어와 달리, '1에서 10까지'와 '하나에서 열까지'는 별도의 말이 있지만, '11'과 '열하나'부터는 구분 없이 같은 말이 쓰입니다. 따라서 「二十四」은 '24'도 되고, '스물네 개'도 됩니다.

3 ~だけ ~뿐, ~만

「だけ」는 '한정'을 나타내는 조사로서 우리말의 '~뿐, ~만'에 해당합니다.

예 先生の つくえは 一つだけです。

4 ~しか ~밖에

「しか」도 '한정'을 나타내는 조사로서, 반드시 부정문에 쓰입니다. 우리말의 '~밖에'에 해당합니다.

예 先生の つくえは 一つしか ありません。

새로 나온 어구

□ いくつ 몇 개 □ 二十四(にじゅうよん) 24, 24개 □ 三十六(さんじゅうろく) 36, 36개 □ みんな 모두, 전부 □ ~だけ ~뿐, ~만
□ 一(ひと)つ 하나, 1개 □ ~しか ~밖에

튼튼 문형 만들기

Track 092

1. 建物(たてもの)の 中(なか)に [会議室(かいぎしつ) / 研究室(けんきゅうしつ)] は いくつ ありますか。

2. 教室(きょうしつ)の 中に [黒板(こくばん) / ごみ箱(ばこ)] は いくつ ありますか。

3. 大人(おとな)の [くつした / てぶくろ] だけでは ありません。

4. 子供(こども)の ベッドは [二(ふた)つ / 三(みっ)つ] しか ありません。

새로 나온 어구

□ 会議室(かいぎしつ) 회의실 □ 研究室(けんきゅうしつ) 연구실 □ 黒板(こくばん) 칠판, 흑판 □ ごみ箱(ばこ) 휴지통, 쓰레기통
□ くつした 양말 □ てぶくろ 장갑 □ 二(ふた)つ 둘, 2개 □ 三(みっ)つ 셋, 3개

문형으로 말하기

Track 093

教室の 中に ごみ箱は いくつ ありますか。

ごみ箱は 三つ あります。

みんな 大人の てぶくろですか。

いいえ、大人の てぶくろだけでは ありません。

子供の ベッドは いくつ ありますか。

子供の ベッドは 二つしか ありません。

생생 듣기 연습

Track 094

※ 녹음된 일본어를 듣고 다음 ______ 부분을 완성해 보세요.

1. 教室は ______ あります。
2. 教室の 中に つくえは ______。
3. つくえは ______ あります。
4. ______ だけでは ありません。
5. 先生の つくえは ______。

실력 꾹!꾹! 다지기

1. 다음 단어의 뜻을 써 넣으세요.

① たてもの → ________

② こくばん → ________

③ ごみばこ → ________

④ くつした → ________

⑤ てぶくろ → ________

⑥ かいぎしつ → ________

2. 다음 물음에 ( ) 안의 말을 사용하여 답하세요.

① 建物の 中に 研究室は いくつ ありますか。(三つ)

→ ________

② 教室の 中に 黒板は いくつ ありますか。(二つ)

→ ________

③ 子供の ベッドは いくつ ありますか。(一つだけ)

→ ________

3. 다음 일본어를 우리말로 옮기세요.

① 建物の 中に 会議室は いくつ ありますか。

→ ______________________________

② 教室の 中に つくえは 三十六 あります。

→ ______________________________

③ いいえ、大人の くつしただけでは ありません。

→ ______________________________

4. 다음 우리말을 일본어로 옮기세요.

① 교실 안에 휴지통은 몇 개 있습니까?

→ ______________________________

② 아니오, 학생 책상뿐만 아닙니다.

→ ______________________________

③ 선생님 책상은 하나밖에 없습니다.

→ ______________________________

꼭! 꼭! 외워 두기

◉ **조수사(5)**

一足(いっそく)	二足(にそく)	三足(さんそく)	四足(よんそく)	五足(ごそく)	六足(ろくそく)
七足(ななそく)	八足(はっそく)	九足(きゅうそく)	十足(じっそく)	何足(なんぞく)	

※ 신발이나 양말 등의 단위를 말할 때 주로 쓰입니다.

UNIT 19

何人 いますか

학습 Point

何人

생생 회화 

小川 この クラスには 学生(がくせい)が おおぜい います。

鈴木 みんな 男(おとこ)の 学生ですか。

小川 いいえ、女(おんな)の 学生も います。

鈴木 男の 学生は 何人(なんにん) いますか。

小川 男の 学生は 三十人(さんじゅうにん) います。

鈴木 男の 学生は どこの 国(くに)の 学生ですか。

小川 みんな 日本(にほん)の 学生です。

鈴木 女の 学生は 何人 いますか。

小川 女の 学生は 二人(ふたり)しか いません。一人(ひとり)は 韓国(かんこく)の 学生です。
もう 一人は 中国(ちゅうごく)の 学生です。

○ 확실하게 이해하는 문법 이야기

1 何人 몇 명

「何人」은 사람의 수를 물을 때 쓰는 말로서, 우리말의 '몇 사람' 또는 '몇 명'에 해당합니다.

예 男の 学生は 何人ですか。

女の 学生は 何人 いますか。

2 おおぜい 여러 사람, 많은 사람

「おおぜい」는 명사로서, '여러 사람, 많은 사람'이라는 뜻입니다. 그러나 우리말로 옮길 때는 '여러 사람 있습니다'도 좋지만, '많이 있습니다'로 옮기는 것이 더 자연스럽습니다.

예 韓国の 学生は おおぜい います。
アメリカの 学生は おおぜい います。

3 一人, 二人, 三人……

일본어에서 사람을 셀 때는 「一, 二, 三……」에 「人」을 붙여서 「にん」으로 읽습니다. 그러나 「一人」, 「二人」의 경우는 「ひとり」, 「ふたり」로 읽는 것이 일반적입니다.

4 どこの国 어느 나라

「どこの国」는 '어디의 나라', 즉 '어디에 있는 나라'라는 뜻입니다. 우리말의 '어느 나라'에 해당하는 말입니다.

예 どこの 国の 学生
どこの 国の 先生

새로 나온 어구

□ クラス 클래스, 학급, 반 □ おおぜい 많은 사람, 여러 사람 □ 何人(なんにん) 몇 명 □ 三十人(さんじゅうにん) 서른 명
□ ～人(にん) ~인, ~명 □ 国(くに) 나라, 고향 □ 日本(にほん) 일본 □ 二人(ふたり) 두 사람, 두 명 □ 一人(ひとり) 한 사람, 한 명
□ 韓国(かんこく) 한국 □ もう ①더, 또 ②이미, 벌써 □ 中国(ちゅうごく) 중국

Track 096

1. 映画館(えいがかん)  / 美術館(びじゅつかん)  には 学生(がくせい)が おおぜい います。

2. 男(おとこ)の 学生は 十人(じゅうにん)  / 二十人(にじゅうにん)  います。

3. みんな フランス  / ドイツ  の 学生です。

4. 女(おんな)の 学生は 三人(さんにん)  / 四人(よにん)  います。

새로 나온 어구

□ 映画館(えいがかん) 영화관, 극장 □ 美術館(びじゅつかん) 미술관 □ 十人(じゅうにん) 열 명 □ 二十人(にじゅうにん) 스무 명
□ フランス 프랑스 □ ドイツ 독일 □ 三人(さんにん) 세 사람, 세 명 □ 四人 (よにん) 네 사람, 네 명

문형으로 말하기

美術館に 学生は 何人 いますか。

学生は 二十人 います。

どこの 国の 学生ですか。

みんな フランスの 学生です。

女の 学生は 何人 いますか。

女の 学生は 三人しか いません。

생생 듣기 연습

Track 098

※ 녹음된 일본어를 듣고 다음 ______ 부분을 완성해 보세요.

1. みんな ______ ですか。
2. いいえ、______ も います。
3. 男の 学生は ______ います。
4. みんな ______。
5. ______。

실력 꼭!꼭! 다지기

1. 다음을 한자는 ひらがな로, ひらがな는 한자로 옮기세요.

① 二人 → ________________

② よにん → ________________

③ 韓国 → ________________

④ ちゅうごく → ________________

⑤ 美術館 → ________________

⑥ えいがかん → ________________

2. 다음 물음에 ( ) 안의 말을 사용하여 답하세요.

① 男の 学生は 何人 いますか。(十人)

→ ________________________________

② みんな どこの 国の 学生ですか。(中国)

→ ________________________________

③ 女の 学生は 何人 いますか。(二人だけ)

→ ________________________________

3. 다음 일본어를 우리말로 옮기세요.

① 映画館には 学生が おおぜい います。

→ ______________________________

② いいえ、女の 学生は 一人も いません。

→ ______________________________

③ もう 一人は 韓国の 学生です。

→ ______________________________

4. 다음 우리말을 일본어로 옮기세요.

① 이 학급에는 여학생이 많이 있습니다.

→ ______________________________

② 일본 학생은 3명밖에 없습니다.

→ ______________________________

③ 남학생은 모두 독일 학생입니다.

→ ______________________________

꼭! 꼭! 외워 두기

◉ **조수사(6)**

いっぱい 一杯	に はい 二杯	さんばい 三杯	よんはい 四杯	ご はい 五杯	ろっぱい 六杯
ななはい 七杯	はっぱい 八杯	きゅうはい 九杯	じっぱい 十杯	なんばい 何杯	

※ 컵이나 잔 등의 단위를 말할 때 주로 쓰입니다.

1. 다음 ( ) 안에 들어갈 알맞은 말은?

A : あの 男の 人は ( )ですか。
B : あの 男の 人は 山田さんです。

① どれ ② だれ ③ なに ④ そう

2. 다음 중 외래어 표기가 잘못된 것은?

① アメリカ ② ドイツ ③ イギリス ④ プランス

3. 다음 중 한자의 읽기가 잘못된 것은?

① 韓国人(かんこくじん) ② 中国人(ちゅうこくじん)
③ 男(おとこ)の 人(ひと) ④ 女(おんな)の 方(かた)

4. 다음 ___ 부분에 들어갈 알맞은 대답은?

A : あの 方は どなたですか。
B : ________________。

① あの 方は 中村さんです。 ② はい、そうです。
③ いいえ、そうでは ありません。 ④ あの 方は 中村さんでは ありません。

5. 다음 중 단어의 뜻이 잘못 연결된 것은?

① りんご – 사과 ② すいか – 수박 ③ つつじ – 장미 ④ さくら – 벚꽃

6. 다음 ( ) 안에 들어갈 알맞은 말을 차례로 배열한 것은?

A : この カメラ( ) あなた( )ですか。
B : いいえ、それ( ) 私のでは ありません。

① も – の – は ② の – も – は ③ は – も – の ④ も – は – の

7. 다음 중 외래어 표기가 잘못된 것은?

① ズボン ② シャツ ③ ドマド ④ バナナ

8. 다음 중 〈보기〉의 밑줄 친 の와 같은 용법으로 쓰인 것은?

> |보기| この カメラは あなたのですか。

① これは あなたの かばんですか。
② はい、この 手紙は 李さんのです。
③ あれは 日本語の 新聞です。
④ いいえ、それは 私の 車では ありません。

9. 다음 중 한자의 읽기가 잘못된 것은?

① 小学生(しょうがくせい) ② 中学生(ちゅうがくせい)
③ 高校生(こうこうせい) ④ 大学生(たいがくせい)

10. 다음 ___ 부분에 들어갈 알맞은 대답은?

> A：あなたの うちは どこですか。
> B：______________________。

① はい、それは 私の うちです。
② いいえ、それは 私の うちでは ありません 。
③ 私の うちは 学校の 前です。
④ 私の うちは 学校では ありません。

11. 다음 중 やさい가 아닌 것은?

① ぶどう ② はくさい ③ だいこん ④ ねぎ

12. 다음 중 단어의 뜻이 잘못 연결된 것은?

① じしょ – 사전 ② ぼうし – 모자 ③ めがね – 안경 ④ さいふ – 구두

13. 다음 ___ 부분에 들어갈 알맞은 질문은?

> A：______________________。
> B：私の 店は ソウル駅の 近くです。

① 朴さんの 店は なんですか。 ② 朴さんの 店は どちらですか。
③ あなたの 店は ソウル駅ですか。 ④ あなたの 店は この 辺ですか。

14. 다음 중 외래어 표기가 잘못된 것은?

① ラヂオ ② テレビ ③ スカート ④ マフラー

15. 다음 중 단어의 뜻이 잘못 연결된 것은?

① ひがし – 동　② にし – 서　③ みなみ – 남　④ かわ – 북

16. 다음 ___ 부분에 들어갈 알맞은 대답은?

A : 金さんの うちは ソウルですか。
B : ______________________。

① 私の うちは この 辺です。
② 金さんの うちは この 近くです。
③ はい、そうです。ソウルです。
④ いいえ、私の うちは ソウルです。

17. 다음 중 한자의 읽기가 잘못된 것은?

① 病院(びよういん)　② 建物(たてもの)
③ 食堂(しょくどう)　④ 入口(いりぐち)

18. 다음 설명 중 내용이 틀리는 것은?

① ある는 무의지적인 것의 존재를 나타낸다.
② 駅に의 に는 '장소'를 나타내는 조사이다.
③ 私が의 が는 '주체'를 나타내는 조사이다.
④ ～では ありません은 '～이 없습니다'의 뜻이다.

19. 다음 중 단어의 뜻이 잘못 연결된 것은?

① ほんたて – 책꽂이　② ざぶとん – 방석
③ 消しゴム – 지우개　④ しんぶん – 잡지

20. 다음을 일본어로 바르게 옮긴 것은?

책상 위에 가위가 있습니다.

① つくえの 上に はさみが あります。
② いすの 上に はさみが あります。
③ つくえの 上に てがみが あります。
④ いすの 上に てがみが あります。

21. 다음 ___ 부분에 들어갈 알맞은 질문은?

> A : ________________________________。
> B : いいえ、何も ありません。

① へやの 中に たんすが ありますか。
② へやの 中に 何も ありませんか。
③ へやの 中に たんすも ありますか。
④ へやの 中に 何か ありますか。

22. 다음 (　) 안에 들어갈 알맞은 말을 차례로 배열한 것은?

> A : たんす(　) 中(　) 何(　) ありますか。
> B : はい、あります。

① の - も - が　② の - に - か　③ の - は - が　④ の - が - も

23. 다음 중 외래어 표기가 잘못된 것은?

① ベッド　② ビデオ　③ ナイプ　④ ストーブ

24. 다음 중 단어의 뜻이 잘못 연결된 것은?

① にんぎょう - 인형　② ひきだし - 서랍
③ れいぞうこ - 난로　④ せんぷうき - 선풍기

25. 다음 중 한자의 읽기가 잘못된 것은?

① 銀行(ぎんこ)　② 地図(ちず)　③ 出口(でぐち)　④ 電話(でんわ)

26. 다음 설명 중 내용이 틀린 것은?

① いる는 의지적인 것의 존재를 나타낸다.　② いますか는 'いる+공손+부정'형이다.
③ と는 '전부를 열거'하는 조사이다.　④ や는 '일부를 열거'하는 조사이다.

27. 다음을 일본어로 바르게 옮긴 것은?

> 여기에 소와 말이 있습니다.

① ここに とりと さかなが います。　② ここに とりと さかなが あります。
③ ここに うしと うまが います。　④ ここに うしと うまが あります。

28. 다음 ___ 부분에 들어갈 알맞은 대답은?

A：そこに 犬も いますか。
B：＿＿＿＿＿＿＿＿＿＿＿＿＿＿＿＿。

① ここには 犬と 猫が います。　② はい、そこには 犬は いません。
③ はい、そこには 猫も います。　④ いいえ、ここには 犬は いません。

29. 다음 ( ) 안에 들어갈 알맞은 말을 차례로 배열한 것은?

A：そこ(　)だれが いますか。
B：ここに 鈴木さん(　)小林さん(　)います。

① に－と－が　② も－と－は　③ も－の－が　④ に－の－は

30. 다음 중 美容院의 읽기가 바르게 된 것은?

① びょういん　② びよういん　③ みょういん　④ みよういん

31. 다음 중 단어의 뜻이 잘못 연결된 것은?

① ひだり－왼쪽　② みぎ－오른쪽　③ まえ－아래　④ うしろ－뒤

32. 다음 ___ 부분에 들어갈 알맞은 질문은?

A：＿＿＿＿＿＿＿＿＿＿＿＿＿＿＿＿。
B：いいえ、中村さんは いません。

① 講堂に 山田さんも いますか。　② 講堂に 山田さんも いませんか。
③ 講堂に 中村さんも いますか。　④ 講堂に 中村さんも いませんか。

33. 다음 중 한자의 읽기가 잘못된 것은?

① 事務室(じむしつ)　② 応接室(おおせつしつ)
③ 講堂(こうどう)　④ 体育館(たいいくかん)

34. 다음 중 한자의 읽기가 잘못된 것은?

① 一階(いっかい)　② 二階(にかい)
③ 三階(さんがい)　④ 四階(よんがい)

35. 다음 (   ) 안에 들어갈 알맞은 말을 차례로 배열한 것은?

> A : 事務室(   ) だれが いますか。
> B : 事務室には 渡辺さん(   ) 石田さん(   ) います。

① に－や－が ② は－と－は ③ は－と－が ④ に－や－は

36. 다음 중 외래어의 표기가 잘못된 것은?

① トイレ ② テイブル ③ デパート ④ ホテル

37. 다음 중 단어의 뜻이 잘못 연결된 것은?

① ごみばこ－고향 ② こくばん－칠판
③ てぶくろ－장갑 ④ くつした－양말

38. 다음 중 한자의 읽기가 잘못된 것은?

① 一人(ひとり) ② 二人(ふたり) ③ 三人(さんにん) ④ 四人(よんにん)

39. 다음을 일본어로 바르게 옮긴 것은?

> 여학생은 한 사람밖에 없습니다.

① 女の 学生は 一人も いません。
② 女の 学生は 一人だけです。
③ 女の 学生は 一人しか いません。
④ 女の 学生は 一人だけでは ありません。

40. 다음 ___ 부분에 들어갈 알맞은 질문은?

> A : ________________________。
> B : いいえ、ドイツの 学生も います。

① みんな ドイツの 学生ですか。
② ドイツの 学生も いますか。
③ みんな フランスの 学生ですか。
④ フランスの 学生も いますか。

UNIT 21

一枚 いくらですか

학습 Point

一枚　　いくら

생생 회화

Track 099

この 店(みせ)には シャツが たくさん あります。
大(おお)きい シャツも 小(ちい)さい シャツも あります。

小林 この シャツは 質(しつ)が いいですか。

店員(てんいん) そうです。それは たいへん いい シャツです。

小林 この シャツは 一枚(いちまい) いくらですか。

店員 それは 一枚 七千円(ななせんえん)です。

小林 高(たか)いですね。

店員 安(やす)い シャツも あります。
これは 一枚 五千円(ごせんえん)です。

○ 확실하게 이해하는 문법 이야기

1 いくら 얼마, 어느 정도

「いくら」는 '값 · 정도' 등을 물을 때 쓰는 말이며, 우리말의 '얼마, 어느 정도'에 해당합니다.

예 この かばんは いくらですか。
そのぼうしは いくらですか。

2 いい 좋다

「いい」는 형용사(形容詞)인데, 일본어의 형용사는 어형(語形) 변화 없이 서술도 하고 수식도 합니다. 이 점에서는 우리말보다 배우기 쉽습니다.

예 사람이 좋다.　　좋은 사람　　→ 한국어
人が いい。　　いい 人　　→ 일본어

3 一枚 한 장, 한 장에

「～枚(まい)」는 종이나 셔츠와 같은 것을 셀 때 쓰는 단위입니다. 이 때 그 수가 하나일 때는「で」가 붙지 않으나, 둘 이상의 복수일 때는「で」가 붙지요.

예 一枚 いくらですか。
二枚で いくらですか。

4 高いですね 비싸군요

「高いですね」의「ね」는 종조사(終助詞)로서, ①가벼운 감동 또는 감탄, ②상대방에 대한 다짐 또는 확인을 나타냅니다.

예 ① これは 高いですね。
② 今日は 十二日ですね。

새로 나온 어구

□ たくさん 많이 □ 大(おお)きい 크다 □ 小(ちい)さい 작다 □ 質(しつ) 질 □ いい 좋다 □ 店員(てんいん) 점원
□ たいへん(大変) 대단히 □ 一枚(いちまい) 한 장, 1매 □ ～枚(まい) ~장, ~매 □ いくら 얼마 □ 七千円(ななせんえん) 7천 엔
□ ～円(えん) ~엔(일본의 화폐단위) □ 高(たか)い ①비싸다, ②높다 □ 安(やす)い 싸다, 헐하다

튼튼 문형 만들기

Track 100

1 この店(みせ)には [パン / ケーキ] がたくさんあります。

パン 

ケーキ 

2 その [スカーフ / ハンドバッグ] は質(しつ)がいいですか。

スカーフ 

ハンドバッグ 

3 このシャツは一枚(いちまい) [二千円(にせんえん) / 三千円(さんぜんえん)] です。

二千円(にせんえん) 

三千円(さんぜんえん) 

4 安(やす)いシャツは [二枚(にまい)で / 三枚(さんまい)で] 五千円(ごせんえん)です。

二枚(にまい)で 

三枚(さんまい)で 

새로 나온 어구

□ パン 빵 □ ケーキ 케이크 □ スカーフ 스카프 □ ハンドバッグ 핸드백 □ 二千円(にせんえん) 2천 엔
□ 三千円(さんぜんえん) 3천 엔 □ 二枚(にまい) 두 장, 2매 □ 三枚(さんまい) 석 장, 3매 □ ～で ～(으)로서, ～(해)서

문형으로 말하기

Track 101

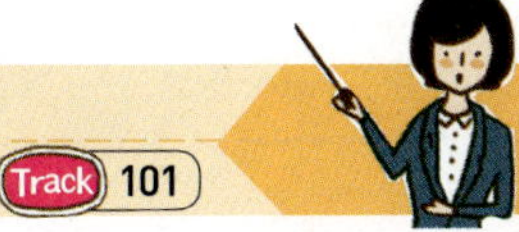

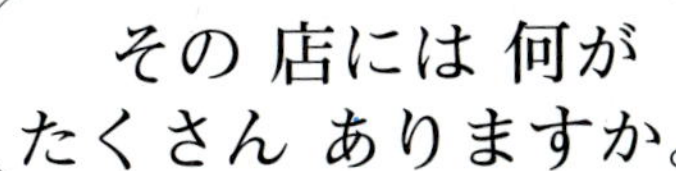
その 店には 何が
たくさん ありますか。

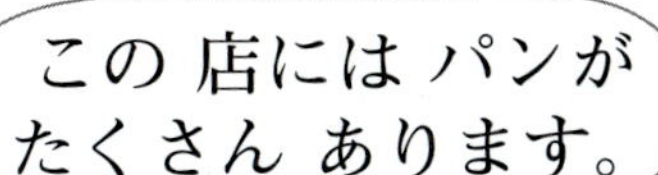
この 店には パンが
たくさん あります。

この スカーフは
質が いいですか。

はい、それは たいへん
いい スカーフです。

安い シャツは
いくらですか。

安い シャツは
二枚で 三千円です。

생생 듣기 연습

Track 102

※ 녹음된 일본어를 듣고 다음 ______ 부분을 완성해 보세요.

1. ______ には シャツが たくさん あります。
2. 大きい シャツも ______ も あります。
3. この シャツは ______ ですか。
4. それは たいへん ______。
5. ______。

실력 꾹!꾹! 다지기

1. 다음 외래어를 カタカナ로 표기하세요.

① 클래스 → ____________________

② 셔츠 → ____________________

③ 빵 → ____________________

④ 케이크 → ____________________

⑤ 스카프 → ____________________

⑥ 핸드백 → ____________________

2. 다음 물음에 ( ) 안의 말을 사용하여 답하세요.

① その 店には 何が たくさん ありますか。(ケーキ)

→ ____

② この シャツは 質が いいですか。(はい)

→ ____

③ あの スカーフは 一枚 いくらですか。(三千円)

→ ____

3. 다음 일본어를 우리말로 옮기세요.

① 大きい シャツも 小さい シャツも あります。

→ ______________________________

② それは たいへん いい ハンドバッグです。

→ ______________________________

③ 安い スカーフは 二枚で 五千円です。

→ ______________________________

4. 다음 우리말을 일본어로 옮기세요.

① 이 상점에는 케이크가 많이 있습니다.

→ ______________________________

② 비싼 빵도 싼 빵도 있습니다.

→ ______________________________

③ 예, 그 핸드백은 대단히 질이 좋습니다.

→ ______________________________

꼭! 꼭! 외워 두기

◉ **조수사(7)**

一枚(いちまい)	二枚(にまい)	三枚(さんまい)	四枚(よんまい)	五枚(ごまい)	六枚(ろくまい)
七枚(ななまい)	八枚(はちまい)	九枚(きゅうまい)	十枚(じゅうまい)	何枚(なんまい)	

※ 종이나 셔츠 등의 단위를 말할 때 주로 쓰입니다.

UNIT 22

何本 ありますか

학습 Point

何本　　「の」의 용법(3)

생생 회화

高橋 前田(まえだ)さん、そこに ふうとうは 何枚(なんまい) ありますか。

前田 ふうとうは 十二枚(じゅうにまい) あります。

高橋 田中(たなか)さん、あなたの ところにも 十二枚 ありますか。

田中 いいえ、ふうとうは 三枚(さんまい)しか ありません。

しかし、切手(きって)は 十二枚 あります。

高橋 そこに えんぴつは 何本(なんぼん) ありますか。

田中 えんぴつは 長(なが)いのが 一本(いっぽん)と 短(みじか)いのが 三本(さんぼん) あります。

○ 확실하게 이해하는 문법 이야기

1 何枚・何本

앞에서 설명하였듯이, 「～枚」는 종이나 셔츠와 같은 것을 셀 때 쓰는 단위이며, 이 과에 나오는 「～本」은 연필이나 병처럼 둥글고 긴 것을 셀 때 쓰는 단위입니다.

2 ～の ～것

「の」에는 앞에서 공부한 ①'～의', ②'～의 것' 이외에 ③'～ 것'의 용법이 있습니다.

예 ① これは 私の 本です。
② それは あなたのですか。
③ 長いのが 高いです。

3 あなたの ところ

「ところ」에는 장소를 나타내는 '곳'이라는 의미가 있습니다. 여기에서의 「あなたの ところ」를 직역하면 '당신의 곳'이 되는데, 이는 즉 '당신이 있는 곳'이란 뜻입니다.

4 「振りがな」와 「送りがな」

「振(ふ)りがな」란 한자의 읽는 방법을 나타내는 「かな」를 말하며, 보통 한자 위에 작게 써서 표시합니다. 이를 「読(よ)みがな」라고도 합니다. 이에 비해 「送(おく)りがな」란 하나의 단어에서 한자 다음에 써서 나타내는 「かな」를 말하며, 이는 「かな」 앞의 한자 읽기를 분명히 하기 위한 것입니다.

예 長(なが)い에서
ながː 振りがな 또는 読みがな
い ː 送りがな

새로 나온 어구

□ ふうとう 봉투 □ 何枚(なんまい) 몇 장 □ 十二枚(じゅうにまい) 12장 □ ところ(所) 곳, 장소 □ しかし 그러나
□ 切手(きって) 우표 □ 長(なが)い 길다 □ ～本(ほん・ぼん・ぽん) ~자루, ~병 □ 何本(なんぼん) 몇 자루, 몇 병
□ の ①~의, ②~의 것, ③~ 것 □ 一本(いっぽん) 한 자루, 한 병 □ 短(みじか)い 짧다 □ 三本(さんぼん) 세 자루, 세 병

튼튼 문형 만들기

Track 104

1
はがき / めいし  は 何枚(なんまい) ありますか。

2
きっぷ / チケット  は 十二枚(じゅうにまい) あります。

3
長(なが)いのは 十枚(じゅうまい) / 二十枚(にじゅうまい)  しか ありません。

4
ビール / ワイン  は 何本(なんぼん) ありますか。

새로 나온 어구

□ はがき(葉書) 엽서 □ めいし(名刺) 명함 □ 十枚(じゅうまい) 10장 □ 二十枚(にじゅうまい) 20장 □ きっぷ(切符) 표
□ チケット 티켓, 표 □ ビール 맥주 □ ワイン 와인, 포도주

문형으로 말하기

Track 105

そこに はがきは 何枚 ありますか。

はがきは 二十枚 あります。

長いのは 何枚 ありますか。

長いのは 十枚しか ありません。

そこに ビールは 何本 ありますか。

ビールは 三本 あります。

생생 듣기 연습

Track 106

※ 녹음된 일본어를 듣고 다음 ______ 부분을 완성해 보세요.

1. そこに ______ は 何枚 ありますか。
2. ふうとうは ______ あります。
3. ______ にも 十二枚 ありますか。
4. そこに えんぴつは ______ 。
5. 長いのが 一本と ______ 。

실력 꾹!꾹! 다지기

1. 다음 단어를 보기와 같이 한자와 送りがな로 나타내세요.

보기 うしろ → 後ろ

① おおきい → ______________

② ちいさい → ______________

③ たかい → ______________

④ やすい → ______________

⑤ ながい → ______________

⑥ みじかい → ______________

2. 다음 물음에 ( ) 안의 말을 사용하여 답하세요.

① そこに ふうとうは 何枚 ありますか。(二十枚)

→ ______________________________

② 前田さん、チケットは 何枚 ありますか。(十枚)

→ ______________________________

③ そこに ワインは 何本 ありますか。(三本)

→ ______________________________

3. 다음 일본어를 우리말로 옮기세요.

① いいえ、めいしは 一枚しか ありません。

→ ______________________________

② そこに ビールは 何本 ありますか。

→ ______________________________

③ 長いのが 一本と 短いのが 三本 あります。

→ ______________________________

4. 다음 우리말을 일본어로 옮기세요.

① 여기에 우표는 12장 있습니다.

→ ______________________________

② 그러나 티켓은 3장밖에 없습니다.

→ ______________________________

③ 긴 연필이 세 자루 있습니다.

→ ______________________________

꼭! 꼭! 외워 두기

◉ **조수사(8)**

一個(いっこ) 二個(にこ) 三個(さんこ) 四個(よんこ) 五個(ごこ) 六個(ろっこ)

七個(ななこ) 八個(はっこ) 九個(きゅうこ) 十個(じっこ) 何個(なんこ)

※「一つ 二つ……」처럼 개수를 나타낼 때 널리 쓰입니다.

UNIT 23

一冊 千ウォンです

학습 Point

何冊　　～で

생생 회화　Track 107

ここは 文房具屋(ぶんぼうぐや)です。
この 店(みせ)には 紙(かみ)や えんぴつや ボールペンや 定規(じょうぎ)などが あります。
また いろいろな ノートが あります。
厚(あつ)いのも 薄(うす)いのも あります。

鈴木 ねだんは みんな 同(おな)じですか。

店員(てんいん) いいえ、同(おな)じでは ありません。
厚いのは 一冊(いっさつ) 二千(にせん)ウォンで、薄いのは 一冊 千(せん)ウォンです。

○ 확실하게 이해하는 문법 이야기

1 何冊 몇 권

「何冊」의 「~冊」는 책이나 노트와 같은 것을 셀 때 쓰는 단위입니다. 우리말의 '~권'에 해당합니다. 그런데 우리말은 '冊(책)'이라 하고, 이의 단위가 '~卷(권)'인 데에 비해 일본어는 「本(ほん)」이라 하고, 이의 단위를 「冊(さつ)」라고 합니다. 이 점 주의해 주세요.

2 文房具屋 문구점

「文房具屋」의 「屋(や)」는 명사에 붙어서 그것을 파는 가게 또는 직업을 가진 사람을 나타냅니다.

예 本屋,　パン屋,　たばこ屋,　花屋,　魚屋

3 ~ウォン ~원

「ウォン」은 한국의 화폐단위인 '원'을 나타내는 말입니다. 고유명사로 취급하여 「カタカナ」표기를 한 것입니다. 물론 일본의 화폐단위는 「円(えん)」으로 나타내지요.

예 千円・二千円・三千円 → 일본

千ウォン・二千ウォン・三千ウォン → 한국

4 二千ウォンで 2천원이며

「二千ウォンで」의 「で」는 단정의 조동사 「だ(이다)」의 어형변화로서 우리말의 '~이며, ~이고'에 해당합니다.

예 これは ボールペンだ。あれはノートだ。

これは ボールペンで、あれはノートです。

새로 나온 어구

□ 文房具(ぶんぼうぐ) 문방구, 문구 □ 文房具屋(ぶんぼうぐや) 문구점 □ 定規(じょうぎ) 자 □ また 또
□ いろいろな 여러 가지의 □ 厚(あつ)い 두껍다, 두텁다 □ 薄(うす)い 얇다 □ ねだん(値段) 값, 가격 □ 同(おな)じ 같음, 같은
□ 一冊(いっさつ) 한 권 □ ~冊(さつ) ~권 □ 二千(にせん)ウォン 2천 원 □ ~ウォン ~원(한국의 화폐단위)
□ ~で ~이며, ~이고 □ 千(せん)ウォン 천 원

튼튼 문형 만들기

Track 108

1 ここは 花屋(はなや) / 魚屋(さかなや) です。

2 色(いろ) / サイズ は みんな 同(おな)じですか。

3 厚(あつ)いのは 一冊(いっさつ) 三千(さんぜん)ウォン / 四千(よんせん)ウォン です。

4 薄(うす)いのは 二冊(にさつ) / 三冊(さんさつ) で 千(せん)ウォンです。

새로 나온 어구

□ 花屋(はなや) 꽃 가게 □ 魚屋(さかなや) 생선 가게 □ 色(いろ) 색, 색깔 □ サイズ 사이즈 □ 三千(さんぜん)ウォン 3천 원
□ 四千(よんせん)ウォン 4천 원 □ 二冊(にさつ) 두 권 □ 三冊(さんさつ) 세 권

○ 문형으로 말하기

Track 109

花屋には 何が
ありますか。

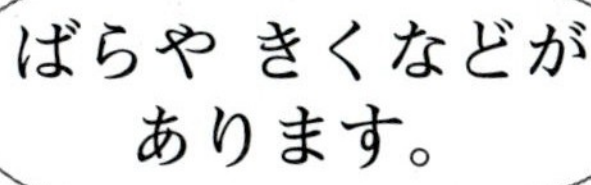

ばらや きくなどが
あります。

色は みんな
同じですか。

いいえ、みんな
同じでは ありません。

薄いのは
いくらですか。

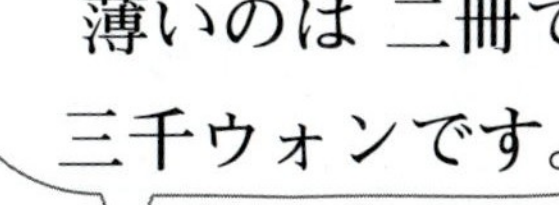

薄いのは 二冊で
三千ウォンです。

생생 듣기 연습

Track 110

※ 녹음된 일본어를 듣고 다음 ______ 부분을 완성해 보세요.

1. ここは ______ です。
2. この 店には ______ などが あります。
3. ______ 薄いのも あります。
4. ねだんは ______ 。
5. ______ 。

실력 꾹!꾹! 다지기

1. 다음 단어를 일본어로 옮기되, 보기와 같이 한자와 送りがな로 나타내세요.

보기　뒤 → 後ろ

① 비싸다 → ____________

② 싸다 → ____________

③ 길다 → ____________

④ 짧다 → ____________

⑤ 두껍다 → ____________

⑥ 얇다 → ____________

2. 다음 물음에 ( ) 안의 말을 사용하여 답하세요.

① 花屋には 何が ありますか。(ばらや きくなど)

→ ____________

② サイズは みんな 同じですか。(いいえ)

→ ____________

③ 厚いのは 一冊 いくらですか。(二千ウォン)

→ ____________

3. 다음 일본어를 우리말로 옮기세요.

① 文房具屋には 紙や 定規などが あります。

→ ______________________________

② ノートは 厚いのも 薄いのも あります。

→ ______________________________

③ ねだんは みんな 同じでは ありません。

→ ______________________________

4. 다음 우리말을 일본어로 옮기세요.

① 여기는 생선 가게입니다.

→ ______________________________

② 이 가게에는 여러 가지 종이가 있습니다.

→ ______________________________

③ 얇은 노트는 세 권에 2천원입니다.

→ ______________________________

꼭! 꼭! 외워 두기

◉ 조수사(9)

一冊(いっさつ)	二冊(にさつ)	三冊(さんさつ)	四冊(よんさつ)	五冊(ごさつ)	六冊(ろくさつ)
七冊(ななさつ)	八冊(はっさつ)	九冊(きゅうさつ)	十冊(じっさつ)	何冊(なんさつ)	

※ 책이나 노트 같은 것의 단위를 말할 때 쓰입니다.

UNIT 24

今日は 何日ですか

학습 Point

월 · 일

생생 회화 

小川 今日(きょう)は 何日(なんにち)ですか。

永井 今日は 三日(みっか)です。あしたは 四日(よっか)で、あさっては 五日(いつか)です。
きのうは 二日(ふつか)で、おとといは 一日(ついたち)でした。

小川 今月(こんげつ)は 何月(なんがつ)ですか。

永井 今月は 三月(さんがつ)す。

小川 来月(らいげつ)は 何月ですか。

永井 来月は 四月(しがつ)です。

小川 先月(せんげつ)は 何月でしたか。

永井 先月は 二月(にがつ)でした。

확실하게 이해하는 문법 이야기

1 何日 며칠

일본어에서 '1일 … 31일'까지의 날짜에 대해서는 다음과 같은 점에 주의하여 기억해 주기 바랍니다.

1) '1일 … 10일'은 「一日」만 제외하고 「～日(か)」로 읽습니다.

2) '11일 … 31일'은 일반적으로 「～日(にち)」로 읽습니다.

3) 다만 「十四日」, 「二十日」, 「二十四日」은 예외로 「～日(か)」로 읽습니다.

一日(ついたち)　二日(ふつか)　三日(みっか)　四日(よっか)　五日(いつか)　六日(むいか)　七日(なのか)　八日(ようか)　九日(ここのか)　十日(とおか)

十一日(じゅういちにち)　十二日(じゅうににち)　十三日(じゅうさんにち)　十四日(じゅうよっか)　二十日(はつか)　二十四日(にじゅうよっか)　三十一日(さんじゅういちにち)

2 「今月」와 「何月」

같은 「月」이지만 「先月, 今月, 来月」의 「月」은 「げつ」로 읽고, 「一月～十二月」의 「月」은 「がつ」로 읽습니다.

3 ～でした ~이었습니다

「でした」는 「です(입니다)」의 과거형으로, 우리말의 '~이었습니다'에 해당합니다.

예 今日は 三日です。
きのうは 二日でした。

4 때를 나타내는 말

일본어에서 때를 나타내는 말 중 「月」과 「日」에 관계되는 말을 간단히 정리해 보겠습니다.

先先月(せんせんげつ) ← 先月(せんげつ) ← 今月(こんげつ) → 来月(らいげつ) → 再来月(さらいげつ)

おととい ← 昨日(きのう) ← 今日(きょう) → 明日(あした) → あさって

※ '내일'은 「明日(あす)」라고도 합니다.

새로 나온 어구

□ 今日(きょう) 오늘, 금일 □ 何日(なんにち) 며칠 □ 三日(みっか) 3일 □ あした(明日) 내일 □ 四日(よっか) 4일
□ あさって 모레 □ 五日(いつか) 5일 □ きのう(昨日) 어제께 □ 二日(ふつか) 2일 □ おととい 그저께
□ 一日(ついたち) 1일, 초하루 □ ～でした ~이었습니다 □ 今月(こんげつ) 이달 □ 何月(なんがつ) 몇 월
□ ～月(がつ・げつ) ~월, ~달 □ 三月(さんがつ) 3월 □ 来月(らいげつ) 다음 달 □ 四月(しがつ) 4월
□ 先月(せんげつ) 지난달 □ 二月(にがつ) 2월

1. 今日(きょう)は 六日(むいか) / 七日(なのか) です。

2. きのうは 九日(ここのか) / 十日(とおか) でした。

3. 今月(こんげつ)は 一月(いちがつ) / 五月(ごがつ) です。

4. 来月(らいげつ)は 十月(じゅうがつ) / 十一月(じゅういちがつ) です。

새로 나온 어구

□ 六日(むいか) 6일 □ 七日(なのか) 7일 □ 九日(ここのか) 9일 □ 十日(とおか) 10일 □ 一月(いちがつ) 1월
□ 五月(ごがつ) 5월 □ 十月(じゅうがつ) 10월 □ 十一月(じゅういちがつ) 11월

문형으로 말하기

きのうは
何日でしたか。
きのうは
九日でした。

来月は
何月ですか。
来月は
十一月です。

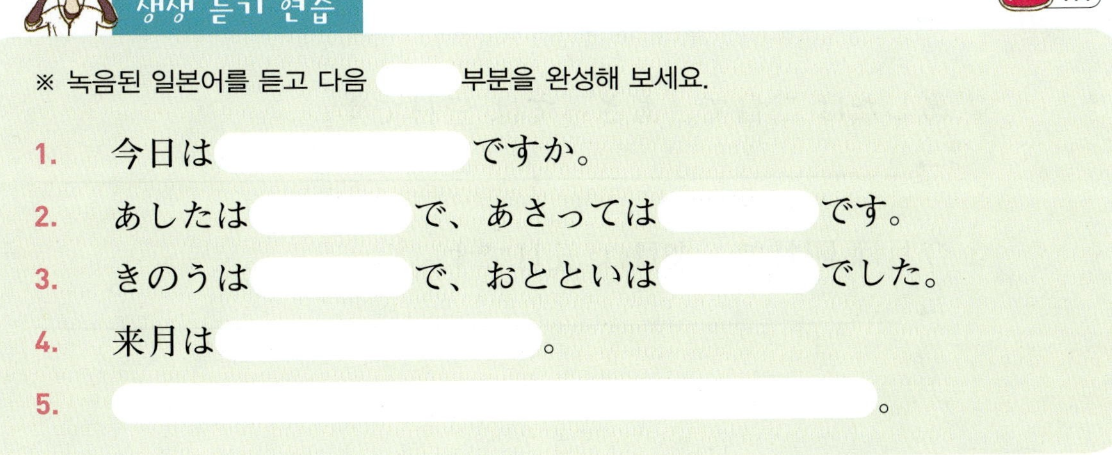

※ 녹음된 일본어를 듣고 다음 ______ 부분을 완성해 보세요.

1. 今日は ______ ですか。
2. あしたは ______ で、あさっては ______ です。
3. きのうは ______ で、おとといは ______ でした。
4. 来月は ______ 。
5. ______ 。

실력 꼭!꼭! 다지기

1. 다음 (　) 안에 알맞은 말을 써 넣으세요.

① ふつか ─ (　　　　　) ─ (　　　　　) ─ いつか

② きのう ─ (　　　　　) ─ あした ─ (　　　　　)

③ (　　　　　) ─ にがつ ─ (　　　　　) ─ しがつ

2. 다음 물음에 (　) 안의 말을 사용하여 답하세요.

① あさっては 何日ですか。(五日)

→ ______________________________

② きのうは 何日でしたか。(十日)

→ ______________________________

③ 先月は 何月でしたか。(二月)

→ ______________________________

3. 다음 일본어를 우리말로 옮기세요.

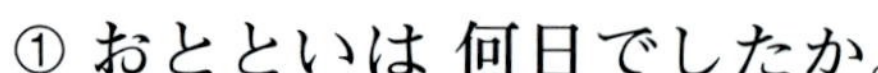

① おとといは 何日でしたか。

→ ______________________________

② あしたは 二日で、あさっては 三日です。

→ ______________________________

③ 今月は 四月で、来月は 五月です。

→ ______________________________

4. 다음 우리말을 일본어로 옮기세요.

① 그저께는 7일이었습니다.

→ ____________________

② 다음 달은 3월입니다.

→ ____________________

③ 지난달은 1월이었습니다.

→ ____________________

꼭! 꼭! 외워 두기

◉ **월**

一月(いちがつ)	二月(にがつ)	三月(さんがつ)	四月(しがつ)	五月(ごがつ)	六月(ろくがつ)	七月(しちがつ)
八月(はちがつ)	九月(くがつ)	十月(じゅうがつ)	十一月(じゅういちがつ)	十二月(じゅうにがつ)	何月(なんがつ)	

※ 「**四月**」은 [**よんがつ**], 「**七月**」은 [**なながつ**]라고도 합니다.

UNIT 25

今日は 何曜日ですか

학습 Point

요일 · 주 · 년

생생 회화 

小川 今日(きょう)は 何月(なんがつ) 何日(なんにち)ですか。

永井 今日は 九月(くがつ) 十四日(じゅうよっか)です。

小川 今日は 何曜日(なんようび)ですか。

永井 今日は 火曜日(かようび)です。

小川 それでは、来週(らいしゅう)の 月曜日(げつようび)は 何日ですか。

永井 来週の 月曜日は 二十日(はつか)です。

小川 先週(せんしゅう)の 木曜日(もくようび)は 何日でしたか。

永井 先週の 木曜日は 九日(ここのか)でした。

小川 今年(ことし)は 西暦(せいれき) 何年(なんねん)ですか。

永井 今年は 西暦 2010年(ねん)です。

○ 확실하게 이해하는 문법 이야기

1 何曜日 무슨 요일

'월요일 · 화요일 · 수요일 … 일요일'까지의 '요일'을 한 번 정리해 보겠습니다.

月曜日(げつようび)	火曜日(かようび)	水曜日(すいようび)	木曜日(もくようび)
金曜日(きんようび)	土曜日(どようび)	日曜日(にちようび)	何曜日(なんようび)

※「何曜日」는「なにようび」라고도 합니다. '요일'에 대해서는 이 과의 <꼭! 꼭! 외워두기>에 다시 나옵니다.

2 때를 나타내는 말

때를 나타내는 말 중「週」와「年」에 관계되는 것을 간단히 정리하면 다음과 같습니다.

先先週(せんせんしゅう) ← 先週(せんしゅう) ← 今週(こんしゅう) → 来週(らいしゅう) → 再来週(さらいしゅう)

おととし ← 昨年(さくねん) ← 今年(ことし) → 来年(らいねん) → 再来年(さらいねん)

※ '작년'은「去年(きょねん)」이라고도 합니다.

3 西暦 2010年 서기 2010년

「西暦」는 '서기'를 말하는데, 일본에서는 이것보다 천황의 재위에 따라 바뀌는 연호, 즉「明治(めいじ)・大正(たいしょう)・昭和(しょうわ)・平成(へいせい)」를 널리 씁니다. 예를 들어 보면 '서기 2010년'은「平成22年」이 됩니다.

우리나라도 조선왕조 말, 대한제국 때에 '光武(광무) · 隆熙(융희)'와 같은 연호를 쓴 적이 있습니다.

새로 나온 어구

□ 九月(くがつ) 9월 □ 十四日(じゅうよっか) 14일 □ 何曜日(なんようび) 무슨 요일 □ 火曜日(かようび) 화요일
□ それでは 그러면 □ 来週(らいしゅう) 다음 주 □ 月曜日(げつようび) 월요일 □ 二十日(はつか) 20일
□ 先週(せんしゅう) 지난 주 □ 木曜日(もくようび) 목요일 □ 今年(ことし) 올해, 금년 □ 西暦(せいれき) 서력, 서기
□ 何年(なんねん) 몇 년 □ 2010年(にせんじゅうねん) 2010년

튼튼 문형 만들기

Track 116

1 今日(きょう)は 九月(くがつ) [二十日(はつか) / 二十四日(にじゅうよっか)] です。

2 来週(らいしゅう)の [金曜日(きんようび) / 日曜日(にちようび)] は 何日(なんにち)ですか。

3 [今週(こんしゅう) / 再来週(さらいしゅう)] の 木曜日(もくようび)は 十八日(じゅうはちにち)です。

4 [昨年(さくねん) / 去年(きょねん)] は 西暦(せいれき) 2010年(ねん)でした。

새로 나온 어구

□ 二十日(はつか) 20일 □ 二十四日(にじゅうよっか) 24일 □ 金曜日(きんようび) 금요일 □ 日曜日(にちようび) 일요일
□ 今週(こんしゅう) 이번 주 □ 再来週(さらいしゅう) 다다음주 □ 昨年(さくねん) 작년 □ 去年(きょねん) 작년

○ 문형으로 말하기

Track 117

今日は 何月
何日ですか。

今日は 九月
二十日です。

それでは、
来週の 金曜日は
何日ですか。

来週の 金曜日は
二十四日です。

昨年は 西暦
何年でしたか。

昨年は 西暦
2010年でした。

생생 듣기 연습

Track 118

※ 녹음된 일본어를 듣고 다음 ______ 부분을 완성해 보세요.

1. 今日は ______ ですか。
2. 今日は 九月 ______ です。
3. 来週の ______ は 何日ですか。
4. ______ 何日でしたか 。
5. ______ 。

실력 꼭!꼭! 다지기

1. 다음 단어의 読みがな를 써 넣으세요.

① 十四日 → ____________________

② 九月 → ____________________

③ 先週 → ____________________

④ 土曜日 → ____________________

⑤ 今年 → ____________________

⑥ 去年 → ____________________

2. 다음 물음에 ( ) 안의 말을 사용하여 답하세요.

① あしたは 何月 何日ですか。(九月 二十四日)

→ ____

② あさっては 何曜日ですか。(月曜日)

→ ____

③ 先週の 日曜日は 何日でしたか。(九日)

→ ____

3. 다음 일본어를 우리말로 옮기세요.

① 今日は 九月 十四日です。

→ ________________________________

② それでは、来週の 土曜日は 何日ですか。

→ ________________________________

③ 再来週の 木曜日は 十八日です。

→ ________________________________

4. 다음 우리말을 일본어로 옮기세요.

① 내일은 무슨 요일입니까?

→ ________________________________

② 다음 주 금요일은 며칠입니까?

→ ________________________________

③ 올해는 서기 몇 년입니까?

→ ________________________________

꼭! 꼭! 외워 두기

◉ **요일**

月曜日(げつようび)	火曜日(かようび)	水曜日(すいようび)	木曜日(もくようび)
金曜日(きんようび)	土曜日(どようび)	日曜日(にちようび)	何曜日(なんようび)

※ 「**何曜日**」는 [なにようび]라고도 합니다.

UNIT 26

今 何時ですか

학습 Point

시 · 분

생생 회화 Track 119

渡辺 今(いま) 何時(なんじ)ですか。

前田 今 八時(はちじ)です。

渡辺 今 十時(じゅうじ) 何分(なんぷん)ですか。

前田 今 十時 十分(じっぷん)です。

渡辺 今 何時 何分ですか。

前田 今 十二時(じゅうにじ) 五分前(ごふんまえ)です。

渡辺 仕事(しごと)は 何時から 何時までですか。

前田 仕事は 午前(ごぜん) 九時(くじ)から 午後(ごご) 六時(ろくじ)までです。

○ 확실하게 이해하는 문법 이야기

1 何時 몇 시

'1시 … 12시'까지의 '시'를 나타내는 말은 다음과 같습니다.

一時(いちじ)　二時(にじ)　三時(さんじ)　四時(よじ)　五時(ごじ)　六時(ろくじ)　七時(しちじ)
八時(はちじ)　九時(くじ)　十時(じゅうじ)　十一時(じゅういちじ)　十二時(じゅうにじ)　何時(なんじ)

※「四時」와「九時」의 읽기에 주의해 주세요.

2 何分 몇 분

'1분 … 60분'까지의 '분'을 나타내는 말 중에서 대표적인 것만 골라 보겠습니다.

一分(いっぷん)　二分(にふん)　三分(さんぷん)　四分(よんぷん)　五分(ごふん)　六分(ろっぷん)
七分(ななふん)　八分(はちふん)　九分(きゅうふん)　十分(じっぷん)　十一分(じゅういっぷん)　十二分(じゅうにふん)
三十分(さんじっぷん)　四十分(よんじっぷん)　五十分(ごじっぷん)　六十分(ろくじっぷん)　…　何分(なんぷん)

※「七分」은「しちふん」,「十分」은「じゅっぷん」이라고도 합니다.

3 前・ちょうど・過ぎ

'시간'을 말할 때 자주 쓰이는「前(전)」,「ちょうど(정각)」,「過(す)ぎ(지남)」등이 있습니다.

예 八時 五分前です。
八時 ちょうどです。
八時 五分過ぎです。

4 ～から～まで ~부터 ~까지

「から」는 '출발점'을 나타내며,「まで」는 '한계점'을 나타냅니다. 우리말의 '~부터(에서) ~까지'에 해당합니다.

예 ここから そこまで。

새로 나온 어구

□ 何時(なんじ) 몇 시 □ 八時(はちじ) 8시 □ 十時(じゅうじ) 10시 □ 何分(なんぷん) 몇 분 □ 十分(じっぷん) 10분
□ 十二時(じゅうにじ) 12시 □ 五分前(ごふんまえ) 5분 전 □ 仕事(しごと) 일, 업무 □ ～から ~부터, ~에서 □ ～まで ~까지
□ 午前(ごぜん) 오전 □ 九時(くじ) 9시 □ 午後(ごご) 오후 □ 六時(ろくじ) 6시

① 今(いま) 一時(いちじ) / 二時(にじ) です。

② 今(いま) 十時(じゅうじ) 二十分(にじっぷん) / 三十分(さんじっぷん) です。

③ 今(いま) 十二時(じゅうにじ) ちょうど / 五分過(ごふんす)ぎ です。

④ 仕事(しごと)は 四時(よじ)から 七時(しちじ) / 五時(ごじ)から 八時(はちじ) までです。

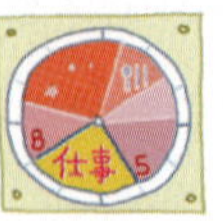

새로 나온 어구

□ 一時(いちじ) 1시 □ 二時(にじ) 2시 □ 二十分(にじっぷん) 20분 □ 三十分(さんじっぷん) 30분 □ ちょうど 꼭, 정확히, 정각 □ 過(す)ぎ 지남, 지나감 □ 四時(よじ) 4시 □ 五時(ごじ) 5시 □ 七時(しちじ) 7시 □ 八時(はちじ) 8시

문형으로 말하기

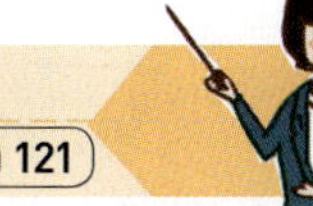

今 十時
何分ですか。

今 十時
二十分です。

今 十二時
ちょうどです。

仕事は 何時から
何時までですか。

仕事は 五時から
八時までです。

생생 듣기 연습

Track 122

※ 녹음된 일본어를 듣고 다음 ______ 부분을 완성해 보세요.

1. 今 ______ ですか。
2. 今 ______ です。
3. 今 十時 ______ 。
4. 今 ______ です。
5. ______ 。

실력 꼭!꼭! 다지기

1. 다음 단어의 読みがな를 써 넣으세요.

① 四時 → ______________

② 五分 → ______________

③ 九時 → ______________

④ 十分 → ______________

⑤ 十二時 → ______________

⑥ 二十分 → ______________

2. 다음 물음에 ( ) 안의 말을 사용하여 답하세요.

① 今 何時ですか。(午前 八時)

→ ______________________________

② 今 何時 何分ですか。(一時 十分)

→ ______________________________

③ 仕事は 何時からですか。(午前 九時)

→ ______________________________

3. 다음 일본어를 우리말로 옮기세요.

① 今 七時 十分前です。

→ ______________________________

② 今 四時 二十分過ぎです。

→ ______________________________

③ 仕事は 午後 六時から 十時までです。

→ ______________________________

4. 다음 우리말을 일본어로 옮기세요.

① 지금 9시 몇 분입니까?

→ ______________________________

② 지금 12시 정각입니다.

→ ______________________________

③ 일은 오후 5시까지입니다.

→ ______________________________

꼭! 꼭! 외워 두기

◉ **시간**

一時(いちじ)	二時(にじ)	三時(さんじ)	四時(よじ)	五時(ごじ)	六時(ろくじ)	七時(しちじ)
八時(はちじ)	九時(くじ)	十時(じゅうじ)	十一時(じゅういちじ)	十二時(じゅうにじ)	何時(なんじ)	

※「**四時**」와「**九時**」의 읽기에 주의하세요.

UNIT 27

少し 高いです

학습 Point

형용사의 용법(1)

생생 회화

Track 123

田中 どの りんごが おいしいですか。

店員(てんいん) あの 赤(あか)い りんごが おいしいです。

田中 あの りんごは 高(たか)いですか。

店員(てんいん) はい、少(すこ)し 高いです。

田中 安(やす)くて おいしいのは ありませんか。

店員(てんいん) これが 安くて おいしいです。

田中 それは 一(ひと)つ いくらですか。

店員(てんいん) これは 一つ 五十円(ごじゅうえん)です。

田中 それでは、それを 三(みっ)つ 下(くだ)さい。

店員(てんいん) はい、ありがとうございます。

○ 확실하게 이해하는 문법 이야기

1 형용사의 용법

형용사는 기본형의 어미(語尾)가 「ーい」로 끝이 납니다. 형용사는 서술할 때나 다음의 명사를 수식할 때나 어형에 변화가 없기 때문에 사용하기 편리합니다.

예 りんごは おいしいです。
おいしい りんごです。

※ 어미가 「ーい」로 끝나는 형용사를 뒤에 나오는 「ナ형용사」와 구별하기 위하여 「イ형용사」라고도 합니다.

2 安くて おいしい 싸고 맛있다

형용사에 다른 형용사가 결합될 때는 그 사이에 접착제와 같은 역할을 하는 「て」가 들어가게 되는데, 이 「て」를 접속조사라고 합니다. 이때 어미 「ーい」는 「ーく」로 변합니다.

예 大きくて 安い。
おいしくて 安い。

3 ～を ～을/를

「を」는 조사로서 '목적 · 대상'을 나타내며, 우리말의 '～을/를'에 해당합니다.

예 この すいかを 下さい。
これを 一つ 下さい。

4 下さい 주십시오, 주세요

「下さい」는 기본형인 「下さる(주시다)」의 명령형으로 상대방에게 부탁하거나 가볍게 명령할 때 쓰이는 말입니다. 우리말의 '주십시오, 주세요'에 해당합니다.

예 おいしいのを 下さい。
きっぷを 二枚 下さい。

새로 나온 어구

□ おいしい 맛있다 □ 赤(あか)い 빨갛다, 붉다 □ 少(すこ)し 조금, 약간 □ ～て ～고, ～며 □ 五十(ごじゅう) 50, 쉰
□ 五十円(ごじゅうえん) 50엔 □ ～を ～을/를 □ 下(くだ)さい 주십시오, 주세요 □ ありがとう 고맙다, 고마워
□ ありがとうございます 고맙습니다

Track 124

1 どの りんごが 甘(あま)い / すっぱい ですか。

2 あの 青(あお)い / 黄色(きいろ)い りんごが おいしいです。

3 これは 大(おお)きくて 重(おも)い / 軽(かる)い です。

4 それを 三冊(さんさつ) / 五枚(ごまい) 下(くだ)さい。

새로 나온 어구

□ 甘(あま)い 달다 □ すっぱい 시다 □ 青(あお)い 푸르다, 파랗다 □ 黄色(きいろ)い 노랗다 □ 重い(おも)い 무겁다
□ 軽(かる)い 가볍다 □ 三冊(さんさつ) 3권, 세 권 □ 五枚(ごまい) 5매, 다섯 장

문형으로 말하기

Track 125

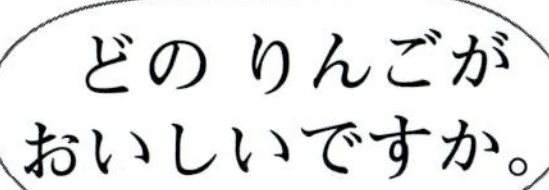
どの りんごが
おいしいですか。

あの 青い りんご
が おいしいです。

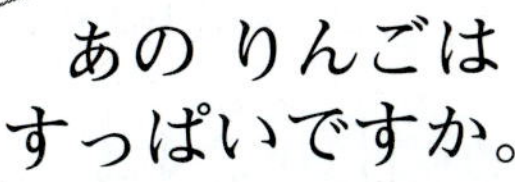
あの りんごは
すっぱいですか。

はい、少し
すっぱいです。

大きくて 重いのは
ありませんか。

これが 大きくて
重いです。

생생 듣기 연습

Track 126

※ 녹음된 일본어를 듣고 다음 ＿＿ 부분을 완성해 보세요.

1. どの ＿＿＿ が おいしいですか。
2. あの ＿＿＿＿＿ が おいしいです。
3. はい、＿＿＿＿＿ です 。
4. ＿＿＿＿＿＿＿＿＿ のは ありませんか。
5. ＿＿＿＿＿＿＿＿＿＿＿＿＿＿＿ 。

실력 꾹!꾹! 다지기

1. 다음 단어의 뜻과 반대말을 각각 (　) 안에 써 넣으세요.

① 高い (　　　　　　) ↔ (　　　　　　)

② 重い (　　　　　　) ↔ (　　　　　　)

2. 다음 물음에 (　) 안의 말을 사용하여 답하세요.

① どの りんごが 甘いですか。(赤い りんご)

→ ______________________________

② 青い りんごは すっぱいですか。(はい、少し)

→ ______________________________

③ 大きくて 軽いのは ありませんか。(これ)

→ ______________________________

3. 다음 일본어를 우리말로 옮기세요.

① あの 黄色い りんごが おいしいです。

→ ______________________________

② この りんごは 甘いですか、すっぱいですか。

→ ______________________________

③ あの りんごは 安くて おいしいです。

→ ______________________________

4. 다음 우리말을 일본어로 옮기세요.

① 이것이 크고 맛있습니다.

→ ______________________________

② 예, 조금 무겁습니다.

→ ______________________________

③ 그러면 그것을 다섯 장 주세요.

→ ______________________________

꼭! 꼭! 외워 두기

◉ 형용사(1)

青(あお)い : 푸르다, 파랗다	赤(あか)い : 빨갛다, 붉다	明(あか)るい : 밝다	浅(あさ)い : 얕다	暖(あたた)かい : 따뜻하다
新(あたら)しい : 새롭다	厚(あつ)い : 두껍다, 두텁다	暑(あつ)い : 덥다	熱(あつ)い : 뜨겁다	危(あぶ)ない : 위험하다
甘(あま)い : 달다	忙(いそが)しい : 바쁘다	薄(うす)い : 얇다	美(うつく)しい : 아름답다	うまい : 잘하다

UNIT 28

大きく ありません

학습 Point

형용사의 용법(2)

생생 회화

Track 127

前田 田中(たなか)さん、あなたの 家(いえ)は 大(おお)きいですか。

田中 いいえ、あまり 大きく ありません。小(ちい)さいです。

前田 あなたの へやは 広(ひろ)いですか。

田中 広くも 狭(せま)くも ありません。ちょうど いいです。

前田 あなたの へやは 明(あか)るいですか。

田中 はい、へやは とても 明るいです。

前田 へやの 天井(てんじょう)は 高(たか)いですか。

田中 いいえ、天井は 高くは ありません。ちょっと 低(ひく)いです。

확실하게 이해하는 문법 이야기

1 형용사의 부정

형용사를 부정할 때는 어미「ーい」를「ーく」로 바꾸고「ありません」이나「ないです」를 붙이면 됩니다.

예 家は 大きく ありません。
家は 大きく ないです。

이때 조사「も」나「は」가 들어가면 그 뜻이 약간 달라집니다.

예 家は 大きくも ありません。

へやは 広くは ありません。

2 あまり

「あまり」는 부사(副詞)로서 다음에 긍정이 오면 '너무'의 뜻이 되며, 부정이 오면 '그다지, 그리'의 뜻이 됩니다.

예 へやは あまり 広いです。
あまり 広く ありません。

3 ちょうど 꼭, 딱, 정확히

앞에서 공부한 대로,「ちょうど」는 '조금도 틀리지 않고 꼭 맞다'는 개념으로서 우리말의 '꼭, 딱, 정확히'에 해당합니다.

예 ちょうど いいです。
ちょうど 十時です。

4 계절과 날씨

계절과 관계되는 날씨에 관한 말(형용사)을 정리해 보면 다음과 같습니다. 기억해 두면 아주 편리합니다.

春(はる)(봄) : 暖(あたた)かい(따뜻하다)　　夏(なつ)(여름) : 暑(あつ)い(덥다)
秋(あき)(가을) : 涼(すず)しい(시원하다)　　冬(ふゆ)(겨울) : 寒(さむ)い(춥다)

새로 나온 어구

□ 家(いえ) 집 □ あまり ①너무 ②그다지, 그리 □ 広(ひろ)い 넓다 □ 狭(せま)い 좁다 □ 明(あか)るい 밝다 □ とても 아주, 매우
□ 天井(てんじょう) 천정 □ ちょっと 조금, 약간, 잠깐 □ 低(ひく)い 낮다

튼튼 문형 만들기

Track 128

1 山中(やまなか)さんの 車(くるま)は 白(しろ)い / 黒(くろ)い ですか。

2 ソウルの 五月(ごがつ)は 暑(あつ)い / 暖(あたた)かい ですか。

3 あまり 新(あたら)しく / 古(ふる)く ありません。

4 ちょっと 多(おお)い / 少(すく)ない です。

새로 나온 어구

□ 山中(やまなか) 일본인의 성 □ 白(しろ)い 희다, 하얗다 □ 黒(くろ)い 검다 □ 暑(あつ)い 덥다 □ 暖(あたた)かい 따뜻하다
□ 新(あたら)しい 새롭다, 새것이다 □ 古(ふる)い 낡다, 오래되다 □ 多(おお)い 많다 □ 少(すく)ない 적다

문형으로 말하기

山中さんの 車は
白いですか。

いいえ、白く ありません。
黒いです。

ソウルの 五月は
暑いですか。

いいえ、暑く ありません。
暖かいです。

あなたの 家は
新しいですか。

いいえ、新しく ありません。
ちょっと 古いです。

생생 듣기 연습

Track 130

※ 녹음된 일본어를 듣고 다음 ______ 부분을 완성해 보세요.

1. あなたの ______ は 大きいですか。
2. いいえ、あまり ______ ありません。
3. ______ は 広いですか。
4. 広くも 狭くも ありません。 ______ 。
5. はい、 ______ 。

실력 꾹!꾹! 다지기

1. 다음을 보기와 같이 바꾸어 쓰세요.

보기 この 花は 赤いです。→ これは 赤い 花です。

① この 家は 小さいです。

→ ______________________________

② あの 車は 新しいです。

→ ______________________________

③ その へやは 広いです。

→ ______________________________

2. 다음 단어를 일본어로 옮기되, 보기와 같이 한자와 送りがな로 나타내세요.

보기 뒤 → 後ろ

① 넓다 → ______________

② 좁다 → ______________

③ 높다 → ______________

④ 낮다 → ______________

⑤ 많다 → ______________

⑥ 적다 → ______________

3. 다음 일본어를 우리말로 옮기세요.

① 天井は 高くも 低くも ありません。

→ ____________________

② 田中さんの 車は 新しいですか。

→ ____________________

③ へやは 明るく ありません。ちょうど いいです。

→ ____________________

4. 다음 우리말을 일본어로 옮기세요.

① 아니오, 그다지 검지 않습니다.

→ ____________________

② 방은 넓지도 좁지도 않습니다.

→ ____________________

③ 많지는 않습니다. 조금 적습니다.

→ ____________________

꼭! 꼭! 외워 두기

◉ **형용사(2)**

うれしい : 기쁘다	おいしい : 맛있다	多(おお)い : 많다	大(おお)きい : 크다	遅(おそ)い : 늦다
重(おも)い : 무겁다	おもしろい : 재미있다	堅(かた)い : 단단하다	悲(かな)しい : 슬프다	辛(から)い : 맵다
軽(かる)い : 가볍다	かわいい : 귀엽다	黄色(きいろ)い : 노랗다	厳(きび)しい : 엄하다	暗(くら)い : 어둡다

UNIT 29

にぎやかな ところです

학습 Point

ナ형용사의 용법(1)

생생 회화 Track 131

吉田 姜さん、これが 東京(とうきょう)の 地図(ちず)です。
ここは 東京駅(えき)で、ここは 銀座(ぎんざ)です。

姜 東京駅から 銀座までは 遠(とお)いですか。

吉田 いいえ、遠く ないです。近(ちか)いです。

姜 銀座は にぎやかな ところですか。

吉田 はい、たいへん にぎやかな ところです。
銀座には 有名(ゆうめい)な デパートも たくさん あります。

姜 交通(こうつう)は 便利(べんり)ですか。

吉田 はい、交通は とても 便利です。

확실하게 이해하는 문법 이야기

1 ナ형용사의 용법

일본어에는 'ナ형용사'라는 품사가 있는데, 이를 '형용동사'라고도 합니다. 'ナ형용사'는 기본형의 어미「-だ」가 다음의 명사를 수식할 때「-な」로 바뀌므로 이를 'ナ형용사'라고 하는 것입니다.

예 有名な 人
きれいな 人

이에 비해 앞에서 배운 '형용사'를 'イ형용사'라고도 합니다.

예 赤い 花 → イ형용사(형용사)
有名な 人 → ナ형용사(형용동사)

2 'お단'의 장음 표기

'お단'의 장음(長音)은 일반적으로「う」를 붙여 써서 길게 발음하지만, 예외로서「お」를 쓰는 경우가 있습니다. 지금까지 나온 예외적인 단어를 한번 들어 보지요.

예 十　多い　遠い　大きい

3 어간(語幹)과 어미(語尾)

형용사(イ형용사 · ナ형용사)나 동사 등이 다른 말에 연결되면 그 형(形)이 변하는데, 이때 변하지 않는 부분을 '어간', 변하는 부분을 '어미'라고 합니다.

예 高い　高く …　→「高」: 어간,　「い · く …」: 어미
有名だ　有名な …　→「有名」: 어간,　「だ · な …」: 어미

새로 나온 어구

□ 姜(ガン) 한국인의 성 □ 銀座(ぎんざ) 일본의 지명 □ 遠(とお)い 멀다 □ 近(ちか)い 가깝다 □ にぎやかだ 번화하다
□ 有名(ゆうめい)だ 유명하다 □ 交通(こうつう) 교통 □ 便利(べんり)だ 편리하다

튼튼 문형 만들기

Track 132

1

辛(から)く

塩辛(しおから)く

ないです。苦(にが)いです。

2

たいへん

安全(あんぜん)な

危険(きけん)な

ところです。

3

派手(はで)な

地味(じみ)な

デザインも あります。

4

姜さんは とても

元気(げんき)

親切(しんせつ)

です。

새로 나온 어구

□ 辛(から)い 맵다 □ 苦(にが)い 쓰다 □ 塩辛(しおから)い 짜다 □ 安全(あんぜん)だ 안전하다 □ 危険(きけん)だ 위험하다
□ 派手(はで)だ 화려하다 □ デザイン 디자인 □ 地味(じみ)だ 수수하다 □ 元気(げんき)だ 건강하다 □ 親切(しんせつ)だ 친절하다

문형으로 말하기

Track 133

ここは 安全な
ところですか。

はい、たいへん 安全な
ところです。

派手な デザインも
ありますか。

はい、派手な
デザインも
たくさん あります。

姜さんは
元気ですか。

はい、姜さんは
とても 元気です。

생생 듣기 연습

Track 134

※ 녹음된 일본어를 듣고 다음 ____ 부분을 완성해 보세요.

1. これが 東京の ____ です。
2. 東京駅から 銀座までは ____ 。
3. はい、たいへん ____ です。
4. ____ も たくさん あります。
5. はい、____ 。

실력 꾹!꾹! 다지기

1. 다음 단어의 뜻을 써 넣으세요.

① からい → ____________

② べんりだ → ____________

③ しおからい → ____________

④ はでだ → ____________

⑤ にがい → ____________

⑥ げんきだ → ____________

2. 다음을 한자는 ひらがな로, ひらがな는 한자로 옮기세요.

① 交通 → ____________

② ゆうめい → ____________

③ 危険 → ____________

④ じみ → ____________

⑤ 親切 → ____________

⑥ あんぜん → ____________

3. 다음 일본어를 우리말로 옮기세요.

① いいえ、辛く ないです。苦いです。

→ ______________________________

② ここは たいへん 危険な ところです。

→ ______________________________

③ 地味な デザインも たくさん あります。

→ ______________________________

4. 다음 우리말을 일본어로 옮기세요.

① 東京역에서 銀座까지는 가깝습니까?

→ ______________________________

② 예, 姜씨는 아주 친절합니다.

→ ______________________________

③ 銀座는 대단히 번화한 곳입니다.

→ ______________________________

꼭! 꼭! 외워 두기

◉ **형용사(3)**

苦(くる)しい : 괴롭다	黒(くろ)い : 검다	濃(こ)い : 진하다	細(こま)かい : 잘다	寂(さび)しい : 쓸쓸하다
寒(さむ)い : 춥다	塩辛(しおから)い : 짜다	親(した)しい : 친하다	白(しろ)い : 희다, 하얗다	少(すく)ない : 적다
涼(すず)しい : 시원하다	すっぱい : 시다	すばらしい : 멋지다	狭(せま)い : 좁다	高(たか)い : 높다, 비싸다

UNIT 30

静かでは ありません

학습 Point

ナ형용사의 용법(2)

생생 회화 Track 135

石田 朴さんの 大学(だいがく)は どんな ところに ありますか。

朴 たいへん 静(しず)かな ところに あります。

石田 大学に りょうも ありますか。

朴 はい、きれいで 立派(りっぱ)な りょうが あります。

石田 りょうの へやは 大(おお)きいですか、小(ちい)さいですか。

朴 かなり 大きいです。

石田 読書室(どくしょしつ)も ありますか。

朴 はい、静かで きれいな 読書室が あります。

石田 休憩室(きゅうけいしつ)は 静かですか。

朴 いいえ、休憩室は あまり 静かでは ありません。

○ 확실하게 이해하는 문법 이야기

1 ナ형용사의 부정

ナ형용사를 부정할 때는 어미「ーだ」를「ーで」로 고치고「ありません」을 붙이면 됩니다.

예 静かで(は) ありません。

이때「ありません」대신에「ないです」를 붙여도 뜻은 마찬가지인데, 이것은 형용사(イ형용사)의 경우와 같습니다.

예 静かで(は) ないです。

2 きれいで 立派な 깨끗하고 근사한

「きれいで 立派な」는 ナ형용사에 다른 ナ형용사가 결합된 것으로, 이때는 앞의 ナ형용사「ーで형」에 바로 다른 ナ형용사가 연결됩니다.

예 静かで 安全だ。
立派で きれいだ。

3 きれいだ

「きれいだ」는 ナ형용사로서 ①깨끗하다, ②예쁘다의 뜻을 갖고 있는데, 앞뒤의 문맥으로 파악을 해야 합니다.

예 ① この へやは きれいです。
② 朴さんは きれいです。

4 どんな 어떠한, 어떤

「どんな」는 다음의 명사만을 수식하는 연체사로서,「この・その・あの・どの」처럼 가리키는 거리에 따라 구분됩니다.

예 こんな 人　　そんな 人
あんな 人　　どんな 人

새로 나온 어구

□ どんな 어떠한, 어떤 □ 静(しず)かだ 조용하다 □ りょう(寮) 기숙사 □ きれいだ ①예쁘다 ②깨끗하다 □ 立派(りっぱ)だ 근사하다
□ かなり 제법, 꽤, 상당히 □ 読書室(どくしょしつ) 독서실 □ 休憩室(きゅうけいしつ) 휴게실

튼튼 문형 만들기

Track 136

1
幼稚園(ようちえん)

動物園(どうぶつえん)

は どんな ところに ありますか。

2 りょうに

レストラン

シャワー室(しつ)

も ありますか。

3 朴さんは きれいで

まじめな

優秀(ゆうしゅう)な

学生です。

4 あまり

暇(ひま)

変(へん)

では ありません。

새로 나온 어구

□ 幼稚園(ようちえん) 유치원 □ 動物園(どうぶつえん) 동물원 □ レストラン 레스토랑 □ シャワー室(しつ) 샤워실
□ まじめだ 성실하다, 착실하다 □ 優秀(ゆうしゅう)だ 우수하다 □ 暇(ひま)だ 한가하다 □ 変(へん)だ 이상하다

문형으로 말하기

幼稚園は どんな ところに ありますか。

たいへん 静かな ところに あります。

りょうに シャワー室も ありますか。

はい、大きい シャワー室が あります。

朴さんは どんな 学生ですか。

朴さんは きれいで 優秀な 学生です。

생생 듣기 연습

Track 138

※ 녹음된 일본어를 듣고 다음 ______ 부분을 완성해 보세요.

1. たいへん ______ ところに あります。
2. ______ りょうが あります。
3. りょうの へやは ______、小さいですか。
4. ______ 読書室が あります。
5. ______。

실력 꾹!꾹! 다지기

1. 다음 ___ 친 부분에 알맞은 어미를 써 넣으세요.

① いいえ、遠____ ないです。近いです。

② たいへん 静か____ ところに あります。

③ きれい____ 立派な りょうが あります。

2. 다음 (　) 안에 読みがなを 써 넣으세요.

① 立派 → ______________________

② 読書室 → ______________________

③ 暇 → ______________________

④ 幼稚園 → ______________________

⑤ 優秀 → ______________________

⑥ 動物園 → ______________________

3. 다음 일본어를 우리말로 옮기세요.

① きれいで 立派な レストランが あります。

→ ____

② 朴さんは まじめで 優秀な 学生です。

→ ____

③ いいえ、休憩室は あまり 静かでは ありません。

→ ____

4. 다음 우리말을 일본어로 옮기세요.

① 동물원은 어떤 곳에 있습니까?

→ ______________________________

② 기숙사의 방은 상당히 큽니다.

→ ______________________________

③ 아니오, 그다지 이상하지 않습니다.

→ ______________________________

꼭! 꼭! 외워 두기

◉ 형용사(4)

楽(たの)しい: 즐겁다	小(ちい)さい: 작다	近(ちか)い: 가깝다	冷(つめ)たい: 차다	強(つよ)い: 세다, 강하다
遠(とお)い: 멀다	ない: 없다	長(なが)い: 길다	苦(にが)い: 쓰다	はずかしい: 부끄럽다
速(はや)い: 빠르다	早(はや)い: 이르다	低(ひく)い: 낮다	広(ひろ)い: 넓다	深(ふか)い: 깊다

UNIT 31

九時に 始まります

학습 Point

동사 + ます

생생 회화

高橋 学校(がっこう)は 毎日(まいにち) 何時(なんじ)に 始(はじ)まりますか。

山田 午前(ごぜん) 九時(くじ)に 始まります。

高橋 では、何時ごろ うちを 出(で)ますか。

山田 八時(はちじ)ごろ うちを 出ます。

高橋 学校は 何時に 終(お)わりますか。

山田 午後(ごご) 五時(ごじ)に 終わります。

高橋 毎日 何時ごろ うちへ 帰(かえ)りますか。

山田 五時半(ごじはん)ごろ うちへ 帰ります。

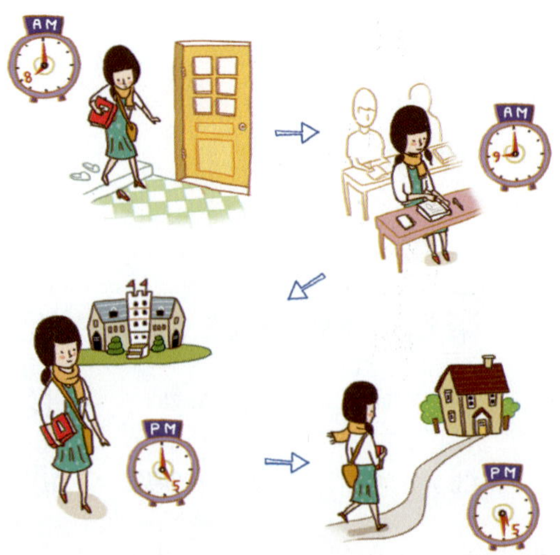

○ 확실하게 이해하는 문법 이야기

1 동사의 용법

동사(動詞)는 기본형의 어미가 'ウ단'(う・く・す…)으로 끝이 납니다. 형용사의 경우처럼 서술할 때나 다음의 명사를 수식할 때나 어형에 변화가 없지요.

예 人が 行く。
行く 人。

2 동사의 종류

▸ 5단동사…어미가 「る」로 끝나지 않는 동사와, 「る」로 끝나더라도 그 앞이 'イ단', 'エ단'이 아닌 동사.

예 買う　行く　話す　待つ　ある　始まる

▸ 1단동사…어미가 る로 끝나고 그 앞이 'イ단', 'エ단'인 동사.

예 いる　見る　起きる　寝る　食べる

▸ 변격동사…불규칙동사로서 くる・する 2개.

3 동사 + ます

'공손'의 조동사 「ます」는 우리말의 '~(합)니다'에 해당합니다. 「ます」가 연결될 때 활용형이 달라지는데, 이때의 동사의 형을 편의상 'ます형'이라고 합니다.

▸ 5단동사 …'ウ단'이 'イ단'.　예 ある + ます → あります

▸ 1단동사 …る탈락.　예 いる + ます → います
ねる + ます → ねます

▸ 변격동사 … 불규칙 활용.　예 くる + ます → きます
する + ます → します

4 ～へ ~에, ~(으)로

「へ」는 '방향 · 장소'를 나타내며, 우리말의 '~에, ~(으)로'에 해당합니다. 「へ」는 조사로 쓰일 경우 (e)로 읽습니다.

예 ソウルへ 行きます。

새로 나온 어구

□ 毎日(まいにち) 매일 □ ～に ~에 □ 始(はじ)まる 시작되다 □ ～ます ~(합/습)니다 □ ～ごろ ~쯤, ~경, ~무렵
□ 出(で)る 나가다, 나오다 □ 終(お)わる 끝나다 □ ～へ ~에, ~(으)로 □ 帰(かえ)る 돌아가다, 돌아오다 □ 半(はん) 반

튼튼 문형 만들기

Track 140

① 授業(じゅぎょう) / 会議(かいぎ) は 何時(なんじ)に 始(はじ)まりますか。

② 何時ごろ 勉強(べんきょう) / 食事(しょくじ) を しますか。

③ 朝(あさ) 八時(はちじ)ごろ ご飯(はん)を 食(た)べ / 新聞(しんぶん)を 読(よ)み ます。

④ 私(わたし)は 毎日 コーヒー / お茶(ちゃ) を 飲(の)みます。

새로 나온 어구

□ 授業(じゅぎょう) 수업 □ 会議(かいぎ) 회의 □ 勉強(べんきょう) 공부 □ する 하다 □ 食事(しょくじ) 식사 □ 朝(あさ) 아침 □ ご飯(はん) 밥 □ 食(た)べる 먹다 □ 読(よ)む 읽다 □ コーヒー 커피 □ 飲(の)む ①마시다 ②삼키다 □ お茶(ちゃ) 차

문형으로 말하기

Track 141

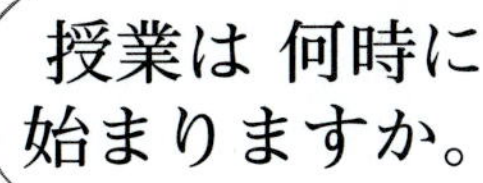

授業は 何時に 始まりますか。

午前 九時に 始まります。

毎日 何時ごろ 食事を しますか。

朝 八時ごろ 食事を します。

毎日 コーヒーを 飲みますか。

はい、毎日 コーヒーを 飲みます。

생생 듣기 연습

Track 142

※ 녹음된 일본어를 듣고 다음 ______ 부분을 완성해 보세요.

1. ______ は 毎日 何時に 始まりますか。
2. ______ に 始まります。
3. では、何時ごろ ______。
4. 学校は 何時に ______。
5. ______。

실력 꾹!꾹! 다지기

1. 다음을 한자는 ひらがな로, ひらがな는 한자로 옮기세요.

① 授業 → ____________

② ごぜん → ____________

③ 会議 → ____________

④ しょくじ → ____________

⑤ 勉強 → ____________

⑥ しんぶん → ____________

2. 다음 물음에 ( ) 안의 말을 사용하여 답하세요.

① 仕事は 何時に 始まりますか。(午前 九時)

→ ____________________________

② 毎日 何時ごろ うちを 出ますか。(八時ごろ)

→ ____________________________

③ 授業は 何時に 終わりますか。(午後 六時)

→ ____________________________

3. 다음 일본어를 우리말로 옮기세요.

① 学校は 毎日 何時に 始まりますか。

→ ______

② 毎日 朝 八時ごろ ご飯を 食べます。

→ ______

③ 私は 五時半ごろ うちへ 帰ります。

→ ______

4. 다음 우리말을 일본어로 옮기세요.

① 회의는 몇 시에 시작됩니까?

→ ______

② 아침 6시쯤 신문을 읽습니다.

→ ______

③ 저는 매일 차를 마십니다.

→ ______

꼭! 꼭! 외워 두기

◉ **형용사(5)**

太(ふと)い: 굵다	古(ふる)い: 낡다, 오래되다	細(ほそ)い: 가늘다	丸(まる)い: 둥글다	短(みじか)い: 짧다
難(むずか)しい: 어렵다	珍(めずら)しい: 진귀하다	優(やさ)しい: 상냥하다	易(やさ)しい: 쉽다	安(やす)い: 싸다
柔(やわ)らかい: 부드럽다	よい(いい): 좋다	弱(よわ)い: 약하다	若(わか)い: 젊다	悪(わる)い: 나쁘다

UNIT 32

テレビは あまり 見ません

학습 Point

동사 + ません

생생 회화 Track 143

田中 吉田(よしだ)さんは 朝(あさ) 何時(なんじ)に 起(お)きますか。

吉田 私(わたし)は 朝 六時(ろくじ)に 起きます。

田中 夜(よる)は 何時ごろ 寝(ね)ますか。

吉田 たいてい 十二時(じゅうにじ)ごろ 寝ます。

田中 毎朝(まいあさ) 運動(うんどう)を しますか。

吉田 はい、毎朝 運動を します。

田中 どんな 運動を しますか。

吉田 毎朝 テニスを します。

田中 毎朝 テレビも 見(み)ますか。

吉田 いいえ、テレビは あまり 見ません。

확실하게 이해하는 문법 이야기

1 동사 + ません

앞에서 설명한 것처럼, 「ます」가 연결될 때의 활용형을 편의상 'ます형'이라고 하는데, 이 'ます형'을 학교문법에서는 '연용형(連用形)'이라고 합니다. 그리고 「ます」의 부정형은 「ません」입니다.

예 ある＋ます → あります → ありません
いる＋ます → います → いません

2 「です」와 「ます」

둘 다 '공손'을 나타내는 조동사이지만, 「です」는 명사, 형용사, ナ형용사의 어간에 연결되며, 「ます」는 동사에 연결됩니다.

예 명사 ＋ です → 本です
형용사 ＋ です → 高いです
ナ형용사 ＋ です → 静かです
동사 ＋ ます → あります

3 六時に 6시에

「六時に」의 「に」는 '때'를 나타내는 조사로서 우리말의 '～에'에 해당합니다.

예 朝 六時に 起きます。

4 ～ごろ ～쯤, ～경, ～무렵

「ごろ」는 명사 다음에 붙어서 접미어처럼 쓰이지만, 독립된 명사로 쓰일 때는 「ころ」가 됩니다.

예 八時ごろ
わかい ころ

새로 나온 어구

□ 起(お)きる 일어나다 □ 夜(よる) 밤 □ 寝(ね)る ①자다 ②눕다 □ たいてい 대개, 대강 □ 毎朝(まいあさ) 매일 아침
□ 運動(うんどう) 운동 □ テニス 테니스 □ 見(み)る 보다 □ ～ません ～(하)지 않습니다

튼튼 문형 만들기

① 私(わたし)は 朝(あさ) ＿＿ 起(お)きます。

- 早(はや)く 
- 遅(おそ)く 

② 毎日(まいにち) ＿＿ を しますか。

- 水泳(すいえい) 
- 練習(れんしゅう) 

③ 私(わたし)は 毎朝(まいあさ) ＿＿ を しません。

- サッカー 
- ゴルフ 

④ いいえ、＿＿ ません。

- たばこは 吸(す)い 
- 酒(さけ)は 飲(の)み 

새로 나온 어구

□ 早(はや)い 이르다, 빠르다 □ 遅(おそ)い 늦다 □ 水泳(すいえい) 수영 □ 練習(れんしゅう) 연습 □ サッカー 축구
□ ゴルフ 골프 □ 吸(す)う ①피우다, ②들이마시다 □ 酒(さけ) ①술 ②청주

문형으로 말하기

吉田さんは 朝 早く 起きますか。

はい、私は 朝 六時に 起きます。

あなたは 毎朝 ゴルフを しますか。

いいえ、毎朝は ゴルフを しません。

吉田さんは たばこを 吸いますか。

いいえ、私は たばこは 吸いません。

생생 듣기 연습

Track 146

※ 녹음된 일본어를 듣고 다음 ______ 부분을 완성해 보세요.

1. 私は 朝 六時に ______。
2. 夜は 何時ごろ ______。
3. はい、毎朝 ______。
4. ______ も 見ますか。
5. ______。

실력 꾹!꾹! 다지기

1. 다음을 보기와 같이 동사에 ます를 붙여 완성하세요.

보기	読む + ます → 読みます

① 食べる + ます → ____________________

② する + ます → ____________________

③ 見る + ます → ____________________

④ 起きる + ます → ____________________

⑤ 吸う + ます → ____________________

⑥ 寝る + ます → ____________________

2. 다음 단어의 読みがな를 써 넣으세요.

① 夜 → ____________________

② 酒 → ____________________

③ 毎朝 → ____________________

④ 運動 → ____________________

⑤ 水泳 → ____________________

⑥ 練習 → ____________________

3. 다음 일본어를 우리말로 옮기세요.

① 吉田さんは 毎日 水泳を しますか。

→ ______________________________

② 私は たいてい 十二時ごろ 寝ます。

→ ______________________________

③ いいえ、酒は あまり 飲みません。

→ ______________________________

4. 다음 우리말을 일본어로 옮기세요.

① 저는 아침 늦게 일어납니다.

→ ______________________________

② 저는 매일 아침 테니스를 칩니다.

→ ______________________________

③ 아니오, 골프는 그다지 치지 않습니다.

→ ______________________________

꼭! 꼭! 외워 두기

◉ ナ형용사(1)

新(あら)ただ: 새롭다　安全(あんぜん)だ: 안전하다　偉大(いだい)だ: 위대하다　いやだ: 싫다

快適(かいてき)だ: 쾌적하다　確実(かくじつ)だ: 확실하다　可能(かのう)だ: 가능하다　完全(かんぜん)だ: 완전하다

簡単(かんたん)だ: 간단하다　危険(きけん)だ: 위험하다　貴重(きちょう)だ: 귀중하다　巨大(きょだい)だ: 거대하다

嫌(きら)いだ: 싫어하다　きれいだ: 예쁘다, 깨끗하다　けちだ: 인색하다

UNIT 33

学校で 日本語を 習います

학습 Point

「で」의 용법(1)

생생 회화

山中 姜さんは 朝(あさ) 新聞(しんぶん)を 読(よ)みますか。

姜 いいえ、私(わたし)は 朝は 新聞を 読みません。
昼休(ひるやす)みに 学校(がっこう)の 図書館(としょかん)で 読みます。

山中 昼(ひる)ご飯(はん)は どこで 食(た)べますか。

姜 昼ご飯は 学校の 食堂で 食べます。

山中 姜さんは 学校で 何(なに)を 習(なら)いますか。

姜 私は 学校で 日本語(にほんご)を 習います。

山中 他(ほか)の 外国語(がいこくご)も 習いますか。

姜 いいえ、他の 外国語は 習いません。
一日中(いちにちじゅう) 日本語だけを 習います。

확실하게 이해하는 문법 이야기

1 昼休み 점심시간

「休み」는 「休む(쉬다)」에서 온 전성명사로서, 그 의미에는 '휴식 · 휴일 · 휴가 · 방학'의 뜻이 있습니다. 따라서 「昼休み」는 '점심때의 휴식 시간', 즉 '점심시간'의 뜻이 됩니다.

2 どこで 食べますか 어디에서 먹습니까?

조사 「で」에는 여러 가지 의미 · 용법이 있습니다. 그 중에서 우리말의 '~에서'에 해당하는 '장소'를 나타내는 용법이 있지요. 「どこで의 「で」가 여기에 해당합니다.

예 へやで 本を 読みます。

3 「に」와 「で」

「に」와 「で」는 둘 다 '장소'를 나타내지만, 「に」는 존재하는 장소를 나타내고, 「で」는 동작이 이루어지는 장소를 나타낸다는 점에서 다릅니다. 「に는 우리말의 '에'에 해당하고, 「で」는 '에서'에 해당합니다.

예 どこに ありますか。
どこで 食べますか。

4 一日中 하루 종일

「一日」는 「ついたち」로 읽으면 '1일'이 되지만, 「いちにち」로 읽으면 '하루'가 됩니다. 그리고 「一日中」의 「中(じゅう)」는 명사 다음에 붙어서 접미어처럼 쓰여 '전체'를 나타냅니다. 우리말의 '온, 내내'의 뜻이 됩니다.

예 家中(いえじゅう)　　世界中(せかいじゅう)

새로 나온 어구

□ 昼(ひる) 낮, 점심 □ 休(やす)み 휴식, 휴일, 휴가, 방학 □ 昼休(ひるやす)み 점심시간 □ ～で ~에서
□ 昼(ひる)ご飯(はん) 점심(밥) □ 習(なら)う 배우다, 익히다 □ 他(ほか) 다른 것, 그 외 □ 外国語(がいこくご) 외국어
□ 一日(いちにち) 하루 □ 一日中(いちにちじゅう) 하루 종일 □ ～だけ ~뿐, ~만

튼튼 문형 만들기

Track 148

1 私(わたし)は 朝(あさ) [顔(かお)を 洗(あら)い / 音楽(おんがく)を 聞(き)き] ます。

- 顔(かお)を 洗(あら)い

- 音楽(おんがく)を 聞(き)き

2 [朝(あさ)ご飯(はん) / 夕(ゆう)ご飯] は どこで 食(た)べますか。

- 朝(あさ)ご飯(はん)

- 夕(ゆう)ご飯

3 学校(がっこう)で [英語(えいご) / ロシア語(ご)] を 習(なら)います。

- 英語(えいご)

- ロシア語(ご)

4 うちで 日本語(にほんご)の [予習(よしゅう) / 復習(ふくしゅう)] を します。

- 予習(よしゅう)

- 復習(ふくしゅう)

새로 나온 어구

□ 顔(かお) 얼굴, 낯 □ 洗(あら)う 씻다, 빨다 □ 音楽(おんがく) 음악 □ 聞(き)く ①듣다 ②묻다 □ 朝(あさ)ご飯(はん) 아침(밥)
□ 夕(ゆう)ご飯(はん) 저녁(밥) □ 英語(えいご) 영어 □ ロシア語(ご) 러시아어 □ 予習(よしゅう) 예습 □ 復習(ふくしゅう) 복습

문형으로 말하기

夕ご飯は どこで 食べますか。

学校の 食堂で 食べます。

毎日 学校で 何を 習いますか。

毎日 学校で 英語を 習います。

一日中 うちで 何を しますか。

うちで 日本語の 予習を します。

생생 듣기 연습

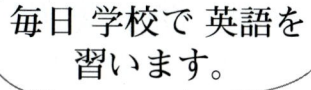

Track 150

※ 녹음된 일본어를 듣고 다음 ______ 부분을 완성해 보세요.

1. 姜さんは 朝 ______ を 読みますか。
2. ______ に 学校の 図書館で 読みます。
3. 昼ご飯は ______ で 食べます。
4. 私は 学校で ______。
5. ______。

실력 꾹!꾹! 다지기

1. 다음 ( ) 안에 알맞은 말을 써 넣으세요.

① 昼休み(　　) 学校(　　) 図書館(　　) 読みます。

② 学校(　　) 前(　　) 食堂(　　) 食べます。

③ うち(　　) 日本語(　　) 復習(　　) します。

2. 다음 어구를 일본어로 옮기세요.

① 얼굴을 씻다(세수하다)

→ ____________________

② 음악을 듣다

→ ____________________

③ 영어를 배우다

→ ____________________

3. 다음 일본어를 우리말로 옮기세요.

① 学校の 図書館で 本を 読みます。

→ ____________________

② 昼ご飯は 学校の 食堂で 食べます。

→ ____________________

③ 毎日 学校で ロシア語を 習います。

→ ____________________

4. 다음 우리말을 일본어로 옮기세요.

① 아침에는 신문을 읽지 않습니다.

→ ______________________________

② 다른 외국어는 배우지 않습니다.

→ ______________________________

③ 하루 종일 집에서 무엇을 합니까?

→ ______________________________

꼭! 꼭! 외워 두기

◉ ナ형용사(2)

元気(げんき)だ: 건강하다	健康(けんこう)だ: 건강하다	賢明(けんめい)だ: 현명하다	盛(さか)んだ: 왕성하다
静(しず)かだ: 조용하다	地味(じみ)だ: 수수하다	自由(じゆう)だ: 자유롭다	重大(じゅうだい)だ: 중대하다
重要(じゅうよう)だ: 중요하다	上手(じょうず)だ: 능숙하다	丈夫(じょうぶ)だ: 튼튼하다	親切(しんせつ)だ: 친절하다
新鮮(しんせん)だ: 새롭다	好(す)きだ: 좋아하다	素直(すなお)だ: 순수하다	

UNIT 34

電車で 行きます

학습 Point

「で」의 용법(2)

생생 회화

Track 151

田中 吉田(よしだ)さんは 今(いま) どこへ 行(い)きますか。

吉田 私(わたし)は 今 友達(ともだち)の うちへ 行きます。

田中 友達の うちは どこに ありますか。

吉田 友達の うちは 新宿(しんじゅく)に あります。

田中 新宿まで バスで 行きますか、電車(でんしゃ)で 行きますか。

吉田 電車で 行きます。

田中 ここから 新宿まで どの くらい かかりますか。

吉田 一時間(いちじかん)ぐらい かかります。

田中 ちょっと 遠(とお)いですね。

吉田 はい、そうです。

확실하게 이해하는 문법 이야기

1 「に」와 「へ」

이미 앞에서 공부한 대로, 「に」와 「へ」는 둘 다 '장소'를 나타냅니다. 「に」가 목적지점을 분명히 하는 데에 비해, 「へ」는 그 방향성이 내포된 지점을 나타내지요. 그러나 일상생활에서는 이를 크게 구분하지 않고, 「に」와 「へ」를 거의 같이 쓰고 있습니다.

예 学校に 行きますか。
学校へ 行きますか。

2 バスで 버스로

조사 「で」의 여러 가지 의미 · 용법 중에는 우리말의 '~(으)로'에 해당하는 '수단 · 방법'을 나타내는 용법이 있습니다.

예 電車で 行きます。

3 ~ぐらい ~쯤, ~정도

「ぐらい」는 명사 다음에 붙어서 접미어처럼 쓰이지만, 독립된 명사로 쓰일 때는 「くらい」가 됩니다.

예 一時間ぐらい かかります。
どの くらい かかりますか。

4 동사 「かかる」의 의미

동사 「かかる」는 '시간'을 나타낼 때는 우리말의 '걸리다', 그리고 '비용'을 나타낼 때는 '들다'의 뜻을 가지고 있습니다.

예 三十分ぐらい かかります。
五千円ぐらい かかります。

새로 나온 어구

□ 行(い)く 가다 □ 新宿(しんじゅく) 일본의 지명 □ バス 버스 □ ~で ~(으)로〈수단 · 방법〉 □ 電車(でんしゃ) 전철, 전차
□ くらい 정도, 쯤 □ かかる 걸리다, 들다 □ 一時間(いちじかん) 1시간 □ ~ぐらい 정도, 쯤

튼튼 문형 만들기

Track 152

1 私(わたし)は 今(いま) [スーパー / コンビニ] へ 行(い)きます。

スーパー

コンビニ

2 新宿(しんじゅく)まで [地下鉄(ちかてつ) / タクシー] で 行(い)きます。

地下鉄(ちかてつ)

タクシー

3 [釜山 / 福岡(ふくおか)] まで 飛行機(ひこうき)で どのくらい かかりますか。

釜山

福岡(ふくおか)

4 ここから [二時間(にじかん) / 三時間(さんじかん)] ぐらい かかります。

二時間(にじかん)

三時間(さんじかん)

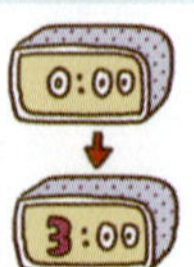

새로 나온 어구

□ スーパー 슈퍼(마켓) □ コンビニ 편의점 □ 地下鉄(ちかてつ) 지하철 □ タクシー 택시 □ 釜山(ブサン) 한국의 도시명 □ 福岡(ふくおか) 일본의 도시명 □ 飛行機(ひこうき) 비행기 □ 二時間(にじかん) 2시간 □ 三時間(さんじかん) 3시간

문형으로 말하기

吉田さんは 今
どこへ 行きますか。

私は 今 スーパーへ
行きます。

新宿まで 何で
行きますか。

地下鉄で 行きます。

福岡まで どの くらい
かかりますか。

飛行機で 二時間ぐらい
かかります。

생생 듣기 연습

Track 154

※ 녹음된 일본어를 듣고 다음 ＿＿ 부분을 완성해 보세요.

1. 吉田さんは 今＿＿＿＿へ 行きますか。
2. ＿＿＿＿は 新宿に あります。
3. 新宿まで＿＿＿＿、電車で 行きますか。
4. ここから 新宿まで＿＿＿＿かかりますか。
5. ＿＿＿＿。

실력 꾹!꾹! 다지기

1. 다음 ( ) 안에 알맞은 말을 써 넣으세요.

① 友達(　　) うち(　　) どこ(　　) ありますか。

② バス(　　) 行きますか、電車(　　) 行きますか。

③ ソウル(　　) 釜山(　　) どの くらい かかりますか。

2. 다음 단어를 カタカナ로 표기하세요.

① 테니스 → ____________________

② 골프 → ____________________

③ 축구 → ____________________

④ 슈퍼 → ____________________

⑤ 편의점 → ____________________

⑥ 택시 → ____________________

3. 다음 일본어를 우리말로 옮기세요.

① 友達の うちは 福岡に ありますか。

→ ____

② ここから 新宿まで タクシーで 行きます。

→ ____

③ ソウルから バスで 三時間ぐらい かかります。

→ ____

4. 다음 우리말을 일본어로 옮기세요.

① 저는 지금 편의점에 갑니다.

→ ______________________________

② 釜山까지 비행기로 1시간 걸립니다.

→ ______________________________

③ 조금 멀군요. / 예, 그렇습니다.

→ ______________________________

꼭! 꼭! 외워 두기

◉ ナ형용사(3)

正確(せいかく)だ: 정확하다	大切(たいせつ)だ: 중요하다	平(たい)らだ: 평평하다	だめだ: 안 된다
当然(とうぜん)だ: 당연하다	なまいきだ: 건방지다	にぎやかだ: 번화하다	熱心(ねっしん)だ: 열심이다
のんきだ: 느긋하다	派手(はで)だ: 화려하다	必要(ひつよう)だ: 필요하다	ひまだ: 한가하다

UNIT 35

どこへ 行く バスですか

학습 Point

동사의 기본형 + 명사

생생 회화 Track 155

林 この 辺(あた)りに バス停(てい)は ありませんか。

朴 あの 白(しろ)い ビルの 前(まえ)に あります。

林 あれは どこへ 行(い)く バスですか。

朴 鐘路の 方(ほう)へ 行く バスです。

林 明洞へ 行く バスも あそこで 乗(の)りますか。

朴 はい、そうです。十番(じゅうばん)の バスです。

林 どこから 来(く)る バスですか。

朴 新村から 来る バスです。

林 あそこに いる 人(ひと)は みんな バスに 乗りますか。

朴 はい、たぶん バスに 乗るでしょう。

○ 확실하게 이해하는 문법 이야기

1 明洞へ 行く バス 명동에 가는 버스

동사는 형용사의 경우와 마찬가지로, 어떠한 사실을 서술하기도 하고 다음의 명사를 수식하기도 합니다. 앞에서 설명한 것처럼, 이때 동사의 어형에는 아무런 변화가 없지요. 따라서 명사 앞의 동사는 기본형 그대로 다음의 명사를 수식하게 되는데, 이를 학교문법에서는 '연체형(連体形)'이라고 합니다.

예 明洞へ 行く バス
どこから 来る バス

2 ビル 빌딩

일본어에 들어온 외래어는 긴 것을 짧게 줄인 형태, 즉 축약형으로 많이 쓰이게 되는데, 「ビル」도 「ビルディング(Building)」에서 온 축약형입니다. 다른 예들을 들어 보지요.

예 テレビ ← テレビジョン(Television:텔레비전)
スト ← ストライキ(Strike:파업)

3 バスに 乗りますか 버스를 탑니까

동사 「乗る」는 그 '대상어'로서 「を」를 취하지 않고 「に」를 취합니다. 주의해 주세요.

예 タクシーに 乗る。

4 乗るでしょう 타겠지요

「でしょう」는 '공손'의 조동사 「です」에 '추측'의 뜻이 포함된 것으로서 우리말의 '~것입니다, ~겠지요'에 해당합니다.

예 高いでしょう。
静かでしょう。
行くでしょう。

새로 나온 어구

□ 辺(あた)り 부근, 근처 □ バス停(てい) 버스 정류장 □ ビル 빌딩 □ 鐘路(ジョンノ) 한국의 지명 □ 方(ほう) 방향, 쪽 □ 明洞(ミョンドン) 한국의 지명 □ 乗(の)る 타다 □ 十番(じゅうばん) 10번 □ 来(く)る 오다 □ 新村(シンチョン) 한국의 지명 □ たぶん 아마 □ ~でしょう ~(이/하)겠지요

튼튼 문형 만들기

Track 156

1 この 辺(あた)りに [タクシー乗(の)り場(ば) / バスターミナル] は ありませんか。

- タクシー乗(の)り場(ば)

- バスターミナル

2 どこへ 行(い)く [列車(れっしゃ) / 船(ふね)] ですか。

- 列車(れっしゃ)

- 船(ふね)

3 [弁当(べんとう)を 売(う)る / 荷物(にもつ)を 預(あず)かる] ところは どこに ありますか。

- 弁当(べんとう)を 売(う)る

- 荷物(にもつ)を 預(あず)かる

4 たぶん バスを [降(お)りる / 待(ま)つ] でしょう。

- 降(お)りる

- 待(ま)つ

새로 나온 어구

□ タクシー乗り場 택시 타는 곳 □ バスターミナル 버스 터미널 □ 列車(れっしゃ) 열차 □ 船(ふね) 배 □ 弁当(べんとう) 도시락 □ 売(う)る 팔다 □ 荷物(にもつ) 짐 □ 預(あず)かる 맡다, 보관하다 □ 降(お)りる 내리다 □ 待(ま)つ 기다리다

○ 문형으로 말하기

この 辺りに タクシー乗り場は ありませんか。

あの 白い ビルの 前に あります。

これは どこへ 行く 列車ですか。

新宿の 方へ 行く 列車です。

弁当を 売る ところは どこに ありますか。

弁当を 売る ところは あそこに あります。

생생 듣기 연습

Track 158

※ 녹음된 일본어를 듣고 다음 ＿＿ 부분을 완성해 보세요.

1. この 辺りに ＿＿＿＿ は ありませんか。
2. あの ＿＿＿＿ の 前に あります。
3. 明洞へ 行く バスも ＿＿＿＿。
4. ＿＿＿＿ バスですか。
5. はい、＿＿＿＿。

실력 꾹!꾹! 다지기

1. 다음 단어의 뜻을 써 넣으세요.

① あたり → ____________________

② バス停 → ____________________

③ ふね → ____________________

④ れっしゃ → ____________________

⑤ べんとう → ____________________

⑥ にもつ → ____________________

2. 다음 동사를 보기와 같이 한자와 送りがな로 나타내세요.

보기 たべる → 食べる

① のる → ____________________

② くる → ____________________

③ うる → ____________________

④ あずかる → ____________________

⑤ おりる → ____________________

⑥ まつ → ____________________

3. 다음 일본어를 우리말로 옮기세요.

① この 辺りに バスターミナルは ありませんか。

→ ______________________________

② ソウルへ 行く 列車も あそこで 乗りますか。

→ ______________________________

③ 荷物を 預かる ところは どこに ありますか。

→ ______________________________

4. 다음 우리말을 일본어로 옮기세요.

① 저것은 어디에 가는 열차입니까?

→ ______________________________

② 新村에서 오는 버스는 몇 번입니까?

→ ______________________________

③ 예, 아마 버스를 기다리겠지요.

→ ______________________________

꼭! 꼭! 외워 두기

◉ **ナ형용사(4)**

不便(ふべん)だ: 불편하다	平気(へいき)だ: 태연하다	平和(へいわ)だ: 평화롭다	下手(へた)だ: 서투르다
変(へん)だ: 이상하다	便利(べんり)だ: 편리하다	まじめだ: 성실하다	みじめだ: 비참하다
優秀(ゆうしゅう)だ: 우수하다	有名(ゆうめい)だ: 유명하다	豊(ゆた)かだ: 풍부하다	立派(りっぱ)だ: 근사하다

UNIT 36

本を 借りに 行きます

학습 Point

~に　　　~ましょう

Track 159

吉田 田中(たなか)さん、今(いま) どこへ 行(い)きますか。

田中 私(わたし)は 今 学校(がっこう)の 図書館(としょかん)へ 行きます。

吉田 何(なに)を しに 行きますか。

田中 本(ほん)を 借(か)りに 行きます。

吉田 ああ、そうですか。

私も 今 図書館へ 行く ところです。

田中 では、一緒(いっしょ)に 行きましょう。

吉田 田中さん、帰(かえ)りに 井上(いのうえ)さんの うちへ 遊(あそ)びに 行きませんか。

田中 いいですね。

○ 확실하게 이해하는 문법 이야기

1 何を しに 무엇을 하러

조사「に」의 용법 중에는 '목적'을 나타내는 경우가 있습니다. 이때는 우리말의 '~(하)러'에 해당합니다. 조사「に」가 '목적'을 나타내는 경우는 다음의 두 가지에 해당합니다.

① 동사의 ます형 + に

예 見に 行く。

② 동작성 명사 + に

예 旅行に 行く。

2 今 行く ところです 지금 가려는 참입니다

「ところ」의 의미 · 용법 중에는 '곳, 장소'를 나타내는 경우도 있지만,「今 行く ところです」처럼 동사의 바로 다음에 쓰여서 그 동작이 일어나려는 상황, 즉 '직전'을 나타내는 경우도 있습니다.

예 今 授業が 始まる ところです。

3 行きましょう 갑시다

「行きましょう」의「ましょう」는「ます」에 '권유'의 조동사「う」가 결합된「ます+う→ましょう」로서 우리말의 '~(합)시다'에 해당합니다. 따라서「行きましょう」는 '갑시다'의 뜻이 됩니다.

예 早く うちへ 帰りましょう。

4 帰りに 돌아오는 길에

「帰り」는 동사「帰る」에서 온 전성명사(転成名詞)로서 '돌아옴, 돌아감, 귀가, 돌아오는 길, 귀가길' 등의 뜻으로 쓰입니다.

예 帰りが 早いです。

새로 나온 어구

□ ~に ~(하)러 □ 借(か)りる 빌리다 □ ああ 아~ □ ところ ~ 참, ~ 중 □ 一緒(いっしょ)に 같이, 함께 □ ~ましょう ~(합)시다 □ 帰(かえ)り 돌아옴, 돌아감 □ 井上(いのうえ) 일본인의 성 □ 遊(あそ)ぶ 놀다

튼튼 문형 만들기

Track 160

① 日本(にほん)へ

- 留学(りゅうがく)

- 旅行(りょこう)

に 行(い)きます。

② 今(いま)

- 友達(ともだち)を 迎(むか)え

- 工場(こうじょう)へ 働(はたら)き

に 行きます。

③ 今

- 外(そと)へ 出(で)かける

- 空港(くうこう)へ 行く

ところです。

④ 帰(かえ)りに

- 映画(えいが)を 見(み)

- 買(か)い物(もの)を し

に 行きませんか。

새로 나온 어구

□ 留学(りゅうがく) 유학 □ 旅行(りょこう) 여행 □ 迎(むか)える 맞다, 맞이하다 □ 工場(こうじょう) 공장
□ 働(はたら)く 일하다 □ 外(そと) 밖, 바깥 □ 出(で)かける 나가다, 외출하다 □ 空港(くうこう) 공항 □ 映画(えいが) 영화
□ 買(か)い物(もの) 물건사기, 쇼핑

문형으로 말하기

金さんは 日本へ 何を しに 行きますか。

私は 日本へ 留学に 行きます。

田中さん、今 どこへ 行く ところですか。

今 空港へ 行く ところです。

帰りに 映画を 見に 行きませんか。

ああ、いいですね。

생생 듣기 연습

Track 162

※ 녹음된 일본어를 듣고 다음 ______ 부분을 완성해 보세요.

1. 私は 今 学校の ______ へ 行きます。
2. 本を ______ 行きます。
3. 私も 今 図書館へ ______。
4. では、______。
5. 井上さんの うちへ ______。

실력 꾹!꾹! 다지기

1. 다음을 보기와 같이 동사에 に를 붙여 완성하세요.

보기	借りる + に → 借りに

① 遊ぶ + に → ____________

② 迎える + に → ____________

③ 働く + に → ____________

④ 見る + に → ____________

⑤ する + に → ____________

⑥ 食べる + に → ____________

2. 다음을 한자는 ひらがな로, ひらがな는 한자로 옮기세요.

① 留学 → ____________

② ともだち → ____________

③ 旅行 → ____________

④ こうじょう → ____________

⑤ 映画 → ____________

⑥ くうこう → ____________

3. 다음 일본어를 우리말로 옮기세요.

① 図書館へ 本を 借りに 行きます。

→ ______________________________

② 空港へ 友達を 迎えに 行きます。

→ ______________________________

③ 帰りに 買い物を しに 行きませんか。

→ ______________________________

4. 다음 우리말을 일본어로 옮기세요.

① 저는 일본에 여행을 갑니다.

→ ______________________________

② 井上씨는 공장에 일하러 갑니다.

→ ______________________________

③ 지금 밖으로 나가려는 참입니다.

→ ______________________________

꼭! 꼭! 외워 두기

◉ **동사(1)**

会(あ)う : 만나다	合(あ)う : 맞다, 어울리다	諦(あきら)める : 체념하다	開(あ)く : 열리다	明(あ)く : 비다(시간 · 방)
開(あ)ける : 열다	上(あ)げる : 올리다, 드리다	預(あず)ける : 맡기다	遊(あそ)ぶ : 놀다	当(あ)たる : 들어맞다
集(あつ)める : 모으다	甘(あま)える : 응석부리다	洗(あら)う : 씻다	ある : 있다(사물)	歩(ある)く : 걷다

UNIT 37

きのう 何を しましたか

학습 Point

ましたㅤㅤませんでした

생생 회화

吉田 田中(たなか)さん、きのう 何(なに)を しましたか。

田中 私(わたし)は きのう 植物園(しょくぶつえん)に 行(い)き**ました**。

吉田 だれと 一緒(いっしょ)に 行きましたか。

田中 友達(ともだち)の 橋本(はしもと)さんと 一緒に 行き**ました**。

吉田 そうですか。何を 見(み)ましたか。

田中 植物園で 美(うつく)しい 花(はな)や 草(くさ)を 見**ました**。

吉田 そこで 写真(しゃしん)も 撮(と)りましたか。

田中 はい、写真も たくさん 撮り**ました**。

吉田 博物館(はくぶつかん)にも 行きましたか。

田中 いいえ、博物館には 行き**ませんでした**。

○ 확실하게 이해하는 문법 이야기

1 行きました 갔습니다

「行きました」의 「ました」는 「ます」에 '과거 · 완료'의 조동사 「た」가 결합된 「ます+た→ました」로서 우리말의 '~(하)였습니다'에 해당합니다. 따라서 「行きました」는 '갔습니다'의 뜻이 됩니다.

예 テニスを しました。
写真を 撮りました。

2 行きませんでした 가지 않았습니다

「行きませんでした」의 「ませんでした」는 「ません」의 과거형으로서 '과거부정'을 나타냅니다. 우리말의 '~(하)지 않았습니다'에 해당합니다. 따라서 「行きませんでした」는 '가지 않았습니다'의 뜻이 됩니다.

예 テニスを しませんでした。
写真を 撮りませんでした。

3 橋本さんと 一緒に 橋本씨와 같이

조사 「と」의 여러 가지 용법 중에는 동작의 '상대'를 나타내는 경우가 있는데, 「橋本さんと」의 「と」가 여기에 해당합니다. 우리말의 '~와/과'의 뜻으로 쓰입니다.

예 先生と 話しました。

4 友達の 橋本さん 친구인 橋本씨

「友達の 橋本さん」의 「の」는 '동격'을 나타내는 조사로서, 우리말의 '~인'의 뜻으로 쓰입니다.

예 学生の 山田さん。

새로 나온 어구

□ 植物園(しょくぶつえん) 식물원 □ ~と ~와/과 □ ~の ~인 □ 橋本(はしもと) 일본인의 성 □ 美(うつく)しい 아름답다 □ 草(くさ) 풀 □ 写真(しゃしん) 사진 □ 撮(と)る 찍다, 촬영하다 □ 写真を 撮る 사진을 찍다 □ 博物館(はくぶつかん) 박물관

튼튼 문형 만들기

Track 164

1 きのう 公園(こうえん) / 野球場(やきゅうじょう) へ 行(い)きました。

2 友達(ともだち)と 一緒(しょ)に ピンポン / バスケット をしました。

3 かわいい / 珍しい 花(はな)や 草(くさ)を 見(み)ました。

4 スキー場(じょう) / ゴルフ場 には 行きませんでした。

새로 나온 어구

□ 公園(こうえん) 공원 □ 野球場(やきゅうじょう) 야구장 □ ピンポン 탁구 □ バスケット 농구 □ かわいい 귀엽다, 사랑스럽다 □ 珍(めずら)しい 귀하다, 희귀하다 □ スキー場(じょう) 스키장 □ ゴルフ場(じょう) 골프장

문형으로 말하기

田中さんは きのう どこへ 行きましたか。

私は きのう 野球場へ 行きました。

植物園で 何を 見ましたか。

珍しい 花や 草を 見ました。

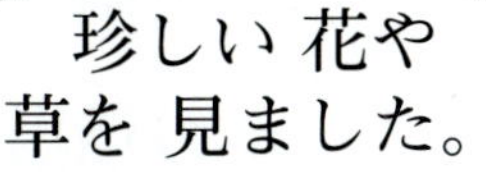

ゴルフ場にも 行きましたか。

いいえ、ゴルフ場には 行きませんでした。

생생 듣기 연습

Track 166

※ 녹음된 일본어를 듣고 다음 ______ 부분을 완성해 보세요.

1. 私は きのう ______ へ 行きました。
2. 友達の 橋本さんと ______ 。
3. 植物園で 美しい ______ を 見ました。
4. そこで ______ 。
5. いいえ、 ______ 。

실력 꾹!꾹! 다지기

1. 다음 단어의 読みがな를 써 넣으세요.

① 植物園 → ____________________

② 一緒 → ____________________

③ 写真 → ____________________

④ 博物館 → ____________________

⑤ 公園 → ____________________

⑥ 野球場 → ____________________

2. 다음 단어의 뜻을 ( ) 안에 써 넣으세요.

① うつくしい → ____________________

② ピンポン → ____________________

③ かわいい → ____________________

④ バスケット → ____________________

⑤ めずらしい → ____________________

⑥ スキー場 → ____________________

3. 다음 일본어를 우리말로 옮기세요.

① 友達の 橋本さんと 一緒に 行きました。

→ ______________________________

② 植物園で かわいい 花や 草を 見ました。

→ ______________________________

③ いいえ、野球場には 行きませんでした。

→ ______________________________

4. 다음 우리말을 일본어로 옮기세요.

① 田中씨는 어제 어디에 갔습니까?

→ ______________________________

② 친구와 같이 탁구를 쳤습니다.

→ ______________________________

③ 공원에서 사진도 많이 찍었습니다.

→ ______________________________

꼭! 꼭! 외워 두기

◉ 동사(2)

言(い)う : 말하다	生(い)きる : 살다(생명)	行(い)く : 가다	急(いそ)ぐ : 서두르다
いる : 있다(사람)	要(い)る : 필요하다	植(う)える : 심다	飢(う)える : 굶주리다
受(う)ける : 받다	動(うご)く : 움직이다	歌(うた)う : 노래하다	打(う)つ : 치다
移(うつ)す : 옮기다	写(うつ)す : 찍다, 베끼다	埋(う)める : 묻다, 메우다	

UNIT 38

きのうは 寒かったですか

학습 Point

~かった　　~くなかった

생생 회화 

山中 今日(きょう)は いい 天気(てんき)です。あしたも いい 天気でしょうか。

前田 あしたも たぶん いい 天気でしょう。

山中 きのうも いい 天気でしたか。

前田 いいえ、きのうは いい 天気では ありませんでした。

きのうは 雨(あめ)が 降(ふ)りました。風(かぜ)も 吹(ふ)きました。

山中 きのうは 寒(さむ)かったですか。

前田 いいえ、きのうは 寒く なかったです。

きのうは 暖(あたた)かかったです。

山中 あしたは どうでしょうか。

前田 あしたも 寒く ないでしょう。

たぶん 暖かいでしょう。

○ 확실하게 이해하는 문법 이야기

1 いい 天気でしょうか 좋은 날씨일까요?

앞에서 공부한 것처럼, 「でしょう」는 「です」에 「う」가 결합된 것으로서 '공손한 추측'을 나타냅니다. 따라서 「でしょうか」는 우리말의 '~(일)까요, ~(할)까요'에 해당합니다.

예 これは 高いでしょうか。
あした 帰るでしょうか。

2 「です」와 「ます」의 과거 · 부정 · 과거부정

「です」와 「ます」를 간단히 정리해 보면 다음과 같습니다.

「です」의 과거 →「でした」
「です」의 부정 →「では ありません」
「です」의 과거부정 →「では ありませんでした」
「ます」의 과거 →「ました」
「ます」의 부정 →「ません」
「ます」의 과거부정 →「ませんでした」

3 寒かったです 추웠습니다

「寒いです」의 과거는 「寒いでした」가 아니라, 「寒かったです」입니다. 즉 형용사는 '과거 · 완료'를 나타내는 「た」를 먼저 붙이고, 다음에 「です」를 붙입니다. 이때 「−い」는 「−かっ」으로 바뀝니다.

예 寒い + た → 寒かった
寒かった + です → 寒かったです

그리고 형용사의 '부정'은 형용사에 「ない」를 붙이며, 여기에 다시 「た」를 붙이면 '과거부정'이 됩니다.

예 寒い + ない → 寒く ない → 寒く ないです。
寒く ない + た → 寒く なかった → 寒く なかったです。

새로 나온 어구

□ 天気(てんき) 날씨 □ ~でしょうか ~(일/할)까요 □ ~では ありませんでした ~(이/가) 아니었습니다 □ 雨(あめ) 비
□ 降(ふ)る 내리다, 오다 □ 風(かぜ) 바람 □ 吹(ふ)く 불다 □ 寒(さむ)い 춥다 □ ~た ~았다/었다 □ どう 어떻게
□ ~く なかった ~(이/하)지 않았다

튼튼 문형 만들기

Track 168

1 きのうは

- 雪(ゆき)が 降(ふ)り

- 空(そら)が 晴(は)れ

ました。

2

- 日(ひ)が 昇(のぼ)り

- 月(つき)が 沈(しず)み

ました。

3 きのうは

- 涼(すず)しかった

- むし暑(あつ)かった

です。

4 いいえ、

- 忙(いそが)しく

- おもしろく

なかったです。

새로 나온 어구

□ 雪(ゆき) 눈 □ 空(そら) 하늘 □ 晴(は)れる 개다, 맑다 □ 日(ひ) ①해, 태양 ②날 □ 昇(のぼ)る 뜨다, 오르다 □ 月(つき) 달 □ 沈(しず)む 가라앉다, 지다 □ 月が 沈む 달이 지다 □ 涼(すず)しい 시원하다 □ むし暑(あつ)い 무덥다 □ 忙(いそが)しい 바쁘다 □ おもしろい 재미있다

문형으로 말하기

Track 169

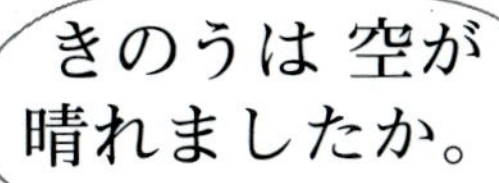

きのうは 空が 晴れましたか。

いいえ、きのうは 雪が 降りました。

きのうは 涼しかったですか。

いいえ、きのうは 涼しく なかったです。

あしたも 忙しいでしょうか。

いいえ、あしたは 忙しく ないでしょう。

생생 듣기 연습

Track 170

※ 녹음된 일본어를 듣고 다음 ______ 부분을 완성해 보세요.

1. あしたも ______ 天気でしょうか。
2. きのうは いい 天気では ______。
3. きのうは ______。
4. いいえ、きのうは ______。
5. ______。

실력 꼭!꼭! 다지기

1. 다음을 보기와 같이 형용사에 「た」를 붙여 완성하세요.

보기 寒い + た → 寒かった

① 暑い + た → ______

② 暖かい + た → ______

③ 涼しい + た → ______

④ むし暑い + た → ______

2. 다음을 보기와 같이 형용사에 「ない」와 「た」를 붙여 완성하세요.

보기 寒い → 寒くない → 寒くなかった

① むし暑い → ______ → ______

② 忙しい → ______ → ______

③ おもしろい → ______ → ______

3. 다음 일본어를 우리말로 옮기세요.

① きのうは 一日中 空が 晴れました。

→ ______

② はい、きのうは むし暑かったです。

→ ______

③ いいえ、おもしろく なかったです。

→ ______

4. 다음 우리말을 일본어로 옮기세요.

① 내일은 아마 좋은 날씨이겠지요.

→ ______________________________

② 어제는 달이 뜨지 않았습니다.

→ ______________________________

③ 아니오, 어제는 춥지 않았습니다.

→ ______________________________

꼭! 꼭! 외워 두기

◉ 동사(3)

売(う)る : 팔다	選(えら)ぶ : 뽑다, 고르다	負(お)う : 업다, 지다	起(お)きる : 일어나다
置(お)く : 두다, 놓다	送(おく)る : 보내다	起(お)こす : 일으키다, 깨우다	教(おし)える : 가르치다
落(お)ちる : 떨어지다	行(おこ)なう : 행하다	踊(おど)る : 춤추다	驚(おどろ)く : 놀라다
覚(おぼ)える : 외우다, 기억하다	思(おも)う : 생각하다(느낌)	泳(およ)ぐ : 헤엄치다	

UNIT 39

朝 起きて、何を しますか

학습 Point

동사 + て

생생 회화

橋本 朴さんは 朝(あさ) 起(お)きて 何(なに)を しますか。

朴 私(わたし)は 朝 起きて、三十分(さんじっぷん)ぐらい 体操(たいそう)を します。

橋本 それから 何を しますか。

朴 シャワーを 浴(あ)びて、朝ご飯(あさごはん)を 食(た)べます。

橋本 何時(なんじ)に うちを 出(で)て、学校(がっこう)へ 行(い)きますか。

朴 七時半(しちじはん)に うちを 出て、学校へ 行きます。

橋本 学校へは どの ように 行きますか。

朴 うちから 蚕室まで バスで 行きます。蚕室で バスを 降(お)りて、地下鉄(ちかてつ)に 乗(の)り換(か)えて 学校へ 行きます。

○ 확실하게 이해하는 문법 이야기

1 동사 + て

「て」는 접속조사로서 동사의 「ます형」에 연결되어 앞과 뒤의 말을 이어 주는 역할을 합니다. 우리말의 '~(하)고, ~(하)며, ~(하)여, ~(하)여서'에 해당합니다.

예 起きる + て → 起きて　　食べる + て → 食べて
来る + て → 来て　　する + て → して

※ 5단동사의 「동사 + て」의 경우, 다음에 공부합니다.

2 朝 起きて 아침에 일어나서

「起きる」에 「て」가 연결된 「起きて」는 '일어나고, 일어나며, 일어나, 일어나서' 등의 뜻이 되는데, 여기에서는 앞뒤 문맥에 따라 '일어나서'의 뜻이 가장 적합하겠지요.

3 それから 그리고

「それから」는 '어떤 일이 일어난 그 다음에'라는 뜻을 지닌 접속사로서 우리말의 '그리고, 그 다음에'에 해당합니다.

예 新聞を 読みます。それから 朝ご飯を 食べます。

4 どの ように 어떻게

「どの」에 「ように」가 결합된 것으로 우리말의 '어떻게'에 해당합니다. 이 외에 「このように(이렇게)」, 「その ように(그렇게)」, 「あの ように(저렇게)」가 있지요.

5 バスを 降りて 버스에서 내려

'버스에서 내리다'를 일본어로 옮길 때는 「バスを 降りる」 또는 「バスから 降りる」라고 합니다.

새로 나온 어구

□ ~て ~(하)고, (하)며, (하)여, (하)여서 □ 体操(たいそう) 체조 □ それから 그리고, 그 다음에 □ シャワー 샤워
□ 浴(あ)びる 뒤집어쓰다 □ シャワーを 浴びる 샤워를 하다 □ どの 어느 □ どの ように 어떻게 □ 蚕室(ジャムシル) 한국의 지명
□ バスを 降りる 버스에서 내리다 □ 乗(の)り換(か)える 갈아타다

튼튼 문형 만들기

Track 172

① 朝(あさ) 起(お)きて、［ジョギング / バドミントン］を します。

ジョギング

バドミントン

② 朝(あさ)ご飯(はん)を 食(た)べて、［歯(は)を みがき / かみを 洗(あら)い］ます。

歯(は)を みがき

かみを 洗(あら)い

③ ［六時(ろくじ)ごろ / 七時(しちじ)ごろ］うちを 出(で)て、山登(やまのぼ)りを します。

六時(ろくじ)ごろ

七時(しちじ)ごろ

④ 蚕室まで［自転車(じてんしゃ) / 通勤(つうきん)バス］で 行きます。

自転車(じてんしゃ)

通勤(つうきん)バス

새로 나온 어구

□ ジョギング 조깅 □ バドミントン 배드민턴 □ 歯(は) 이, 치아 □ みが(磨)く 닦다, 연마하다 □ 歯を みがく 이를 닦다
□ かみ(髪) 머리카락 □ かみを 洗う 머리를 감다 □ 山登(やまのぼ)り 등산, 산행 □ 自転車(じてんしゃ) 자전거
□ 通勤(つうきん)バス 통근버스

문형으로 말하기

Track 173

朴さんは 朝 起きて
何を しますか。

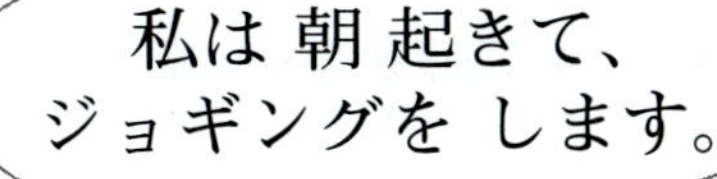
私は 朝 起きて、
ジョギングを します。

朝ご飯を 食べて、
何を しますか。

朝ご飯を 食べて、
歯を みがきます。

うちから 学校まで
何で 行きますか。

たいてい 自転車で
行きます。

생생 듣기 연습

Track 174

※ 녹음된 일본어를 듣고 다음 ＿＿＿ 부분을 완성해 보세요.

1. ＿＿＿＿＿＿ 何を しますか。
2. シャワーを 浴びて、＿＿＿＿＿＿ を 食べます。
3. 何時に ＿＿＿＿＿＿、学校へ 行きますか。
4. うちから 蚕室まで ＿＿＿＿＿＿。
5. ＿＿＿＿＿＿ 学校へ 行きます。

실력 꾹!꾹! 다지기

1. 다음을 보기와 같이 동사에 て를 붙여 완성하세요.

보기	起きる + て → 起きて

① 浴びる + て → ______

② する + て → ______

③ 出る + て → ______

④ 食べる + て → ______

2. 다음 어구를 일본어로 옮기세요.

① 샤워를 하다 → ______

② 이를 닦다 → ______

③ 머리를 감다 → ______

3. 다음 일본어를 우리말로 옮기세요.

① 朝 起きて、バドミントンを します。

→ ______

② 六時ごろ うちを 出て、山登りを します。

→ ______

③ 地下鉄に 乗り換えて 会社へ 行きます。

→ ______

4. 다음 우리말을 일본어로 옮기세요.

① 아침에 일어나서 체조를 합니다.

→ ______________________________

② 샤워를 하고 아침을 먹습니다.

→ ______________________________

③ 집에서 회사까지 통근버스로 갑니다.

→ ______________________________

꼭! 꼭! 외워 두기

◉ 동사(4)

降(お)りる : 내려오다	終(お)わる : 끝나다	買(か)う : 사다	帰(かえ)る : 돌아가다, 돌아오다
変(か)える : 바꾸다(변화)	替(か)える : 바꾸다(교환)	書(か)く : 쓰다	かける : 걸다
貸(か)す : 빌려주다	数(かぞ)える : 헤아리다	傾(かたむ)ける : 기울이다	固(かた)める : 굳히다
勝(か)つ : 이기다	通(かよ)う : 다니다	借(か)りる : 빌리다	

1. 다음 중 한자의 읽기가 잘못된 것은?

① 二千円(にせんえん)　② 三千円(さんせんえん)
③ 五千円(ごせんえん)　④ 七千円(ななせんえん)

2. 다음 ( ) 안에 들어갈 알맞은 말은?

> 安い シャツは 二枚(　) 五千円です。

① で　② と　③ に　④ の

3. 다음 중 단어의 뜻이 잘못 연결된 것은?

① ふうとう - 봉투　② きっぷ - 우표
③ はがき - 엽서　④ めいし - 명함

4. 다음 ___친 부분에 들어갈 알맞은 대답은?

> A : そこに ビールは 何本 ありますか。
> B : ______________________

① いいえ、ビールは 一本だけです。
② では、ビールは 一本も あります。
③ ビールは 三本しか ありません。
④ はい、ビールは 三本も あります。

5. 다음 중 외래어 표기가 잘못된 것은?

① ノート　② ウォン　③ サイズ　④ ボルペン

6. 다음 중 어법상 틀린 곳이 있는 것은?

① ねだんは みんな 同じですか。　② これは 一冊で いくらですか。
③ いろいろな ノートが あります。　④ 紙や えんぴつなどが あります。

7. 다음 중 한자의 읽기가 잘못된 것은?

① 一日(ついたち)　② 三日(みっか)
③ 六日(いつか)　④ 十日(とおか)

8. 다음 ___친 부분에 들어갈 알맞은 질문은?

A : ________________________________
B : いいえ、みんな 同じでは ありません。

① サイズは みんな 同じですか。
② 厚いのも 薄いのも ありますか。
③ いろいろな サイズが ありますか。
④ ねだんは 同じでは ありませんか。

9. 다음 중 한자의 읽기가 잘못된 것은?

① 九月(くがつ)
② 先週(せんしゅう)
③ 今年(ことし)
④ 土曜日(とようび)

10. 다음 중 단어의 뜻이 잘못 연결된 것은?

① せいれき - 서기
② こんしゅう - 다음 주
③ さくねん - 작년
④ にちようび - 일요일

11. 다음 ( ) 안에 들어갈 알맞은 말을 차례로 배열한 것은?

(　　)— ごじ — ろくじ —(　　)

① さんじ - しちじ
② さんじ - はちじ
③ よじ - しちじ
④ よじ - はちじ

12. 다음 ___친 부분에 들어갈 알맞은 대답은?

A : 仕事は 何時から 何時までですか。
B : ________________________

① 今 十二時 ちょうどです。
② 午前 九時から 午後 六時までです。
③ 今 四時 二十分過ぎです。
④ いいえ、九時からでは ありません。

13. 다음 중 반대어로서 잘못 연결된 것은?

① おおきい - ちいさい
② おもい - かるい
③ あつい - うすい
④ たかい - おおぜい

14. 다음 중 관계없는 말이 연결된 것은?

① みじかい - へや ② ながい - えんぴつ
③ あまい - りんご ④ おおきい - サイズ

15. 다음 중 送りがな의 표기가 잘못된 것은?

① あたたかい → 暖かい ② すくない → 少ない
③ みじかい → 短かい ④ あたらしい → 新しい

16. 다음 ___친 부분에 들어갈 알맞은 질문은?

A : ______________________
B : いいえ、白く ありません。黒いです。

① あなたの 車は 黒いですか。
② この 車は 白いですか、黒いですか。
③ 松田さんの 車は 白いですか。
④ その 車は 白いですか、黒いですか。

17. 다음 중 단어의 뜻이 잘못 연결된 것은?

① ゆうめいだ - 유명하다
② はでだ - 수수하다
③ べんりだ - 편리하다
④ しんせつだ - 친절하다

18. 다음 설명 중 내용이 틀리는 것은?

① いくら는 '값 · 정도' 등을 물을 때 쓰는 말이다.
② 형용사는 어형 변화 없이 서술도 하고 수식도 한다.
③ ～冊는 종이나 셔츠와 같은 것을 셀 때 쓰는 단위이다.
④ 한자의 읽는 방법을 나타내는 かな를 振りがな 또는 読みがな라고 한다.

19. 다음 ( ) 안에 들어갈 알맞은 말을 차례로 배열한 것은?

きれい( ) 立派( ) レストランが あります。

① で - な ② に - で ③ に - な ④ で - に

20. 다음 ___친 부분에 들어갈 알맞은 질문은?

A : ______________________________
B : たいへん 静かな ところに あります。

① 幼稚園に シャワー室は ありませんか。
② 幼稚園は あまり 静かでは ありませんか。
③ 幼稚園は 大きいですか、小さいですか。
④ 幼稚園は どんな ところに ありますか。

21. 다음 중 외래어 표기가 잘못된 것은?

① シャワ　② レストラン　③ デザイン　④ コーヒー

22. 다음 중 한자의 읽기가 잘못된 것은?

① 授業(じゅぎょう)　② 会議(かいぎ)
③ 食事(そくじ)　④ 勉強(べんきょう)

23. 다음 중 나머지 셋과 공통점이 없는 것은?

① サッカー　② ゴルフ　③ スカート　④ テニス

24. 다음 중 한국어로 잘못 옮긴 것은?

① すいえいを する → 수영을 하다　② たばこを すう → 담배를 피우다
③ さけを のむ → 술을 마시다　④ おそく おきる → 일찍 일어나다

25. 다음 ( ) 안에 들어갈 알맞은 말을 차례로 배열한 것은?

昼休み( ) 学校( ) 図書館( ) 読みます。

① で - が - に　② に - の - で　③ に - も - で　④ で - に - に

26. 다음 중 일본어로 잘못 옮긴 것은?

① 음악을 듣다 → 音楽を 聞く　② 영어를 배우다 → 英語を 習う
③ 세수를 하다 → 顔を 洗う　④ 복습을 하다 → 予習を する

27. 다음 중 나머지 셋과 공통점이 없는 것은?

① スーパー　② ひこうき　③ タクシー　④ ちかてつ

28. 다음 ___친 부분에 들어갈 알맞은 질문은?

A : ________________________
B : 飛行機で 一時間ぐらい かかります。

① ここから 釜山まで 何で 行きますか。
② 釜山まで どの くらい かかりますか。
③ バスで 行きますか、電車で 行きますか。
④ 釜山までは 飛行機で 行きますか。

29. 다음 중 送りがな의 표기가 잘못된 것은?

① おきる → 起きる
② たべる → 食べる
③ かえる → 帰える
④ おりる → 降りる

30. 다음을 일본어로 바르게 옮긴 것은?

이 부근에 버스 정류장은 없습니까?

① この あたりに バス停は ありませんか。
② この うしろに ターミナルは ありますか。
③ その ちかくに バス停は ありますか。
④ その まえに ターミナルは ありませんか。

31. 다음 중 한자의 읽기가 잘못된 것은?

① 留学(りゅうがく)
② 旅行(りょうこう)
③ 映画(えいが)
④ 空港(くうこう)

32. 다음 ___친 부분에 들어갈 알맞은 대답은?

A : 日本へ 何を しに 行きますか。
B : ________________________

① 今 空港へ 行く ところです。
② 映画を 見に 行きませんか。
③ 今 外へ でかける ところです。
④ 日本へ 買い物を しに 行きます。

33. 다음 중 외래어 표기가 잘못된 것은?

① ピンポン ② ゴルプ ③ バスケット ④ スキー

34. 다음 중 한자의 읽기가 잘못된 것은?

① 植物園(しょくぶつえん)　② 応接室(おうせつしつ)
③ 博物館(ひゃくぶつかん)　④ 野球場(やきゅうじょう)

35. 다음을 한국어로 바르게 옮긴 것은?

めずらしい はなや くさを みました。

① 귀여운 꽃이랑 풀을 보았습니다.　② 진귀한 나무랑 풀을 보았습니다.
③ 귀여운 나무랑 풀을 보았습니다.　④ 진귀한 꽃이랑 풀을 보았습니다.

36. 다음 중 한국어로 잘못 옮긴 것은?

① ゆきが ふる → 눈이 내리다　② ひが のぼる → 해가 뜨다
③ そらが はれる → 하늘이 흐리다　④ つきが しずむ → 달이 지다

37. 다음 중 반대어로서 잘못 연결된 것은?

① あたらしい - ふるい　② おおきい - あかるい
③ おおい - すくない　④ すずしい - あたたかい

38. 다음 중 일본어로 잘못 옮긴 것은?

① 머리를 감다 → かみを 洗う　② 이를 닦다 → 歯を みがく
③ 버스를 타다 → バスを 乗る　④ 샤워를 하다 → シャワーを 浴びる

39. 다음을 일본어로 바르게 옮긴 것은?

전철로 갈아타고 회사에 갑니다.

① 電車に 乗り換えて 会社へ 行きます。
② 地下鉄を 乗って 会社へ 行きます。
③ 電車を 乗り換えて 銀行へ 行きます。
④ 地下鉄に 乗って 銀行へ 行きます。

40. 다음 ___친 부분에 들어갈 알맞은 대답은?

A : うちから 会社まで 何で 行きますか。
B : ______________________________

① 早く 起きて、うちを 出ます。　② いいえ、自転車では 行きません。
③ 朝 七時ごろ うちを 出ます。　④ たいてい 通勤バスで 行きます。

부록(1) 한국 한자 일본 한자 쉽게 익히기

	한자	음(音)	예
한국	亞	아	東亞 : 동아
일본	亜	あ	東亜 : とうあ
한국	惡	악	惡意 : 악의
일본	悪	あく	悪意 : あくい
한국	壓	압	壓力 : 압력
일본	圧	あつ	圧力 : あつりょく
한국	圍	위	包圍 : 포위
일본	囲	い	包囲 : ほうい
한국	醫	의	醫學 : 의학
일본	医	い	医学 : いがく
한국	爲	위	行爲 : 행위
일본	為	い	行為 : こうい
한국	萬	만	壹萬 : 일만
일본	万	まん	壱万 : いちまん
한국	隱	은	隱密 : 은밀
일본	隠	いん	隠密 : いんみつ

한국

榮 음(音) 영
예 榮華 : 영화

일본

栄 음(音) えい
예 栄華 : えいが

營 음(音) 영
예 營業 : 영업

営 음(音) えい
예 営業 : えいぎょう

驛 음(音) 역
예 驛長 : 역장

駅 음(音) えき
예 駅長 : えきちょう

圓 음(音) 원
예 圓滿 : 원만

円 음(音) えん
예 円満 : えんまん

鹽 음(音) 염
예 鹽分 : 염분

塩 음(音) えん
예 塩分 : えんぶん

緣 음(音) 연
예 血緣 : 혈연

縁 음(音) えん
예 血縁 : けつえん

應 음(音) 응
예 應用 : 응용

応 음(音) おう
예 応用 : おうよう

櫻 음(音) 앵
예 櫻花 : 앵화(벚꽃)

桜 음(音) おう
예 桜花 : おうか

橫 음(音) 횡
예 橫斷 : 횡단

横 음(音) おう
예 横断 : おうだん

溫 음(音) 온
예 溫度 : 온도

温 음(音) おん
예 温度 : おんど

한국

穩

음(音) 온

예 穩和 : 온화

일본

穏

음(音) おん

예 穏和 : おんわ

假

음(音) 가

예 假定 : 가정

仮

음(音) か

예 仮定 : かてい

價

음(音) 가

예 價格 : 가격

価

음(音) か

예 価格 : かかく

畵

음(音) 화

예 畵家 : 화가

画

음(音) が

예 画家 : がか

會

음(音) 회

예 會話 : 회화

会

음(音) かい

예 会話 : かいわ

海

음(音) 해

예 海洋 : 해양

海

음(音) かい

예 海洋 : かいよう

繪

음(音) 회

예 繪畵 : 회화

絵

음(音) かい

예 絵画 : かいが

壞

음(音) 괴

예 破壞 : 파괴

壊

음(音) かい

예 破壊 : はかい

槪

음(音) 개

예 槪念 : 개념

概

음(音) がい

예 概念 : がいねん

擴

음(音) 확

예 擴大 : 확대

拡

음(音) かく

예 拡大 : かくだい

한국

覺
음(音) 각
예 覺悟 : 각오

일본

覚
음(音) かく
예 覚悟 : かくご

學
음(音) 학
예 大學 : 대학

学
음(音) がく
예 大学 : だいがく

樂
음(音) 악, 락, 요
예 音樂 : 음악

楽
음(音) がく, ラク
예 音楽 : おんがく

渴
음(音) 갈
예 渴望 : 갈망

渇
음(音) かつ
예 渇望 : かつぼう

罐
음(音) 관
예 製罐 : 제관

缶
음(音) かん
예 製缶 : せいかん

陷
음(音) 함
예 缺陷 : 결함

陥
음(音) かん
예 欠陥 : けっかん

勸
음(音) 권
예 勸誘 : 권유

勧
음(音) かん
예 勧誘 : かんゆう

寬
음(音) 관
예 寬大 : 관대

寛
음(音) かん
예 寛大 : かんだい

漢
음(音) 한
예 漢字 : 한자

漢
음(音) かん
예 漢字 : かんじ

關
음(音) 관
예 關係 : 관계

関
음(音) かん
예 関係 : かんけい

한국

歡 음(音) 환
예 歡迎 : 환영

일본

歓 음(音) かん
예 歓迎 : かんげい

觀 음(音) 관
예 觀察 : 관찰

観 음(音) かん
예 観察 : かんさつ

氣 음(音) 기
예 氣體 : 기체

気 음(音) き
예 気体 : きたい

歸 음(音) 귀
예 歸國 : 귀국

帰 음(音) き
예 帰国 : きこく

器 음(音) 기
예 器物 : 기물

器 음(音) き
예 器物 : きぶつ

僞 음(音) 위
예 僞造 : 위조

偽 음(音) ぎ
예 偽造 : ぎぞう

戲 음(音) 희
예 戲曲 : 희곡

戯 음(音) ぎ
예 戯曲 : ぎきょく

舊 음(音) 구
예 新舊 : 신구

旧 음(音) きゅう
예 新旧 : しんきゅう

據 음(音) 거
예 根據 : 근거

拠 음(音) きょ
예 根拠 : こんきょ

擧 음(音) 거
예 擧手 : 거수

挙 음(音) きょ
예 挙手 : きょしゅ

일본

虛 음(音) 허
예 虛無 : 허무

虚 음(音) きょ
예 虚無 : きょむ

狹 음(音) 협
예 偏狹 : 편협

狭 음(音) きょう
예 偏狭 : へんきょう

鄕 음(音) 향
예 鄕土 : 향토

郷 음(音) きょう
예 郷土 : きょうど

曉 음(音) 효
예 曉天 : 효천

暁 음(音) ぎょう
예 暁天 : ぎょうてん

勤 음(音) 근
예 勤務 : 근무

勤 음(音) きん
예 勤務 : きんむ

區 음(音) 구
예 區別 : 구별

区 음(音) く
예 区別 : くべつ

驅 음(音) 구
예 驅使 : 구사

駆 음(音) く
예 駆使 : くし

勳 음(音) 훈
예 勳章 : 훈장

勲 음(音) くん
예 勲章 : くんしょう

徑 음(音) 경
예 直徑 : 직경

径 음(音) けい
예 直径 : ちょっけい

惠 음(音) 혜
예 恩惠 : 은혜

恵 음(音) けい
예 恩恵 : おんけい

한국

揭

음(音) 계

예 揭載 : 게재

일본

掲

음(音) けい

예 掲載 : けいさい

溪

음(音) 계

예 溪谷 : 계곡

渓

음(音) けい

예 渓谷 : けいこく

經

음(音) 경

예 經濟 : 경제

経

음(音) けい

예 経済 : けいざい

螢

음(音) 형

예 螢光 : 형광

蛍

음(音) けい

예 蛍光 : けいこう

輕

음(音) 경

예 輕快 : 경쾌

軽

음(音) けい

예 軽快 : けいかい

繼

음(音) 계

예 繼續 : 계속

継

음(音) けい

예 継続 : けいぞく

鷄

음(音) 계

예 養鷄 : 양계

鶏

음(音) けい

예 養鶏 : ようけい

藝

음(音) 예

예 藝術 : 예술

芸

음(音) げい

예 芸術 : げいじゅつ

擊

음(音) 격

예 攻擊 : 공격

撃

음(音) げき

예 攻撃 : こうげき

缺

음(音) 결

예 缺席 : 결석

欠

음(音) けつ

예 欠席 : けっせき

한국

研 음(音) 연
예 研究 : 연구

일본

研 음(音) けん
예 研究 : けんきゅう

縣 음(音) 현
예 縣令 : 현령

県 음(音) けん
예 県令 : けんれい

險 음(音) 험
예 危險 : 위험

険 음(音) けん
예 危険 : きけん

檢 음(音) 검
예 檢査 : 검사

検 음(音) けん
예 検査 : けんさ

獻 음(音) 헌
예 文獻 : 문헌

献 음(音) けん
예 文献 : ぶんけん

權 음(音) 권
예 權利 : 권리

権 음(音) けん
예 権利 : けんり

顯 음(音) 현
예 顯著 : 현저

顕 음(音) けん
예 顕著 : けんちょ

驗 음(音) 험
예 試驗 : 시험

験 음(音) けん
예 試験 : しけん

嚴 음(音) 엄
예 嚴重 : 엄중

厳 음(音) げん
예 厳重 : げんじゅう

廣 음(音) 광
예 廣大 : 광대

広 음(音) こう
예 広大 : こうだい

한국 效
음(音) 효
예 效果 : 효과

일본 効
음(音) こう
예 効果 : こうか

黃
음(音) 황
예 黃金 : 황금

黄
음(音) おう
예 黄金 : おうごん

鑛
음(音) 광
예 鑛山 : 광산

鉱
음(音) こう
예 鉱山 : こうざん

號
음(音) 호
예 番號 : 번호

号
음(音) ごう
예 番号 : ばんごう

國
음(音) 국
예 外國 : 외국

国
음(音) こく
예 外国 : がいこく

黑
음(音) 흑
예 黑板 : 흑판

黒
음(音) こく
예 黒板 : こくばん

碎
음(音) 쇄
예 粉碎 : 분쇄

砕
음(音) さい
예 粉砕 : ふんさい

濟
음(音) 제
예 決濟 : 결제

済
음(音) さい
예 決済 : けっさい

劑
음(音) 제
예 藥劑 : 약제

剤
음(音) ざい
예 薬剤 : やくざい

殺
음(音) 살
예 殺人 : 살인

殺
음(音) さつ
예 殺人 : さつじん

한국

雜 음(音) 잡
예 雜音 : 잡음

일본

雑 음(音) ざつ
예 雑音 : ざつおん

參 음(音) 참
예 參加 : 참가

参 음(音) さん
예 参加 : さんか

蠶 음(音) 잠
예 蠶絲 : 잠사

蚕 음(音) さん
예 蚕糸 : さんし

慘 음(音) 참
예 悲慘 : 비참

惨 음(音) さん
예 悲惨 : ひさん

贊 음(音) 찬
예 贊成 : 찬성

賛 음(音) さん
예 賛成 : さんせい

殘 음(音) 잔
예 殘留 : 잔류

残 음(音) ざん
예 残留 : ざんりゅう

絲 음(音) 사
예 綿絲 : 면사

糸 음(音) し
예 綿糸 : めんし

齒 음(音) 치
예 齒科 : 치과

歯 음(音) し
예 歯科 : しか

兒 음(音) 아
예 兒童 : 아동

児 음(音) じ
예 児童 : じどう

辭 음(音) 사
예 辭職 : 사직

辞 음(音) じ
예 辞職 : じしょく

한국

濕

음(音) 습

예 濕度 : 습도

일본

湿

음(音) しつ

예 湿度 : しつど

實

음(音) 실

예 實力 : 실력

実

음(音) じつ

예 実力 : じつりょく

寫

음(音) 사

예 寫眞 : 사진

写

음(音) しゃ

예 写真 : しゃしん

者

음(音) 자

예 記者 : 기자

者

음(音) しゃ

예 記者 : きしゃ

부록(2) [해석 및 해답]

UNIT05 | これは つくえです。

▸▸ 생생 회화

다나카 : 이것은 무엇입니까?
요시다 : 그것은 책입니다.
다나카 : 그것은 무엇입니까?
요시다 : 이것은 책상입니다.
다나카 : 저것은 무엇입니까?
요시다 : 저것은 의자입니다.
다나카 : 가방은 어느 것입니까?
요시다 : 가방은 이것입니다.

▸▸ 확실하게 이해하는 문법 이야기

2 이것은 책상입니다.
그것은 가방입니다.
저것은 무엇입니까?

3 이것은 책이다.
이것은 책입니다.
이것은 책입니까?

▸▸ 생생 듣기 연습

① これ ② 本
③ つくえ ④ どれですか
⑤ かばんは これです

▸▸ 실력 꾹! 꾹! 다지기

1. ① は ② か ③ どれ
2. ① それは かみです。
② これは うわぎです。
③ あれは くつです。
3. ① 저것은 책상입니다.
② 이것은 무엇입니까?
③ 바지는 어느 것입니까?
4. ① これは 本です。
② それは いすです。
③ あれは めがねですか。

UNIT06 | あれは りんごでは ありません。

▸▸ 생생 회화

다나카 : 이것은 사과입니까?
요시다 : 예, 그것은 사과입니다.
다나카 : 이것도 사과입니까?
요시다 : 예, 그것도 사과입니다.
다나카 : 저것도 사과입니까?
요시다 : 아니오, 저것은 사과가 아닙니다.
저것은 배입니다.
다나카 : 그러면 수박은 어느 것입니까?
요시다 : 수박은 이것입니다.

▸▸ 확실하게 이해하는 문법 이야기

1 이것은 수박입니까?
예, 그것은 수박입니다.
아니오, 그것은 수박이 아닙니다.
2 이것도 배입니다.
그것도 사과입니다.
3 이것은 수박이 아닙니다.
4 A : 저것은 배가 아닙니다.
B : 그러면 저것은 무엇입니까?

▸▸ 생생 듣기 연습

① りんご ② はい
③ それも りんご ④ あれは なしです
⑤ すいかは どれですか

▸▸ 실력 꾹! 꾹! 다지기

1. ① これは かきでは ありません。
② それは バナナでは ありません。
③ あれも はくさいでは ありません。
2. ① はい、それは ねぎです。
② いいえ、あれは たまねぎでは ありません。
③ だいこんは これです。
3. ① 예, 그것도 사과입니다.
② 아니오, 이것은 배가 아닙니다.
③ 그러면 귤은 어느 것입니까?

4. ① これも トマトですか。
② はい、それは はくさいです。
③ いいえ、それは すいかでは ありません。

UNIT07 | わたしは 学生です。

▸▸ 생생 회화

요시다 : 당신은 田中씨입니까?
다나카 : 예, 저는 田中입니다.
요시다 : 당신은 학생입니까?
다나카 : 예, 저는 학생입니다.
요시다 : 小川씨도 학생입니까?
다나카 : 아니오, 小川씨는 학생이 아닙니다. 선생입니다.
요시다 : 永井씨는 학생입니까, 선생입니까?
다나카 : 永井씨는 선생입니다.

▸▸ 생생 듣기 연습

① あなた　② わたしは
③ 学生　④ 学生では ありません
⑤ 学生ですか、先生ですか

▸▸ 실력 꾹! 꾹! 다지기

1. ① がくせい　② 本
③ しょうがくせい　④ 私
⑤ ちゅうがくせい　⑥ 先生
2. ① はい、わたしは 永井です。
② いいえ、田中さんは 先生では ありません。
③ わたしは 大学生です。
3. ① 아니오, 저는 초등학생이 아닙니다.
② 永井씨는 회사원이 아닙니까?
③ 田中씨는 아이입니까, 어른입니까?
4. ① はい、わたしは 中学生です。
② いいえ、わたしは 高校生では ありません。
③ 小川さんは いしゃでは ありませんか。

UNIT08 | それは 私の さいふです。

▸▸ 생생 회화

小川 : 이것은 당신의 지갑입니까?
永井 : 예, 그것은 저의 지갑입니다.
小川 : 그것은 당신의 담배입니까?
永井 : 예, 이것은 저의 담배입니다.
小川 : 저것은 당신의 차입니까?
永井 : 예, 저것은 저의 차입니다.
小川 : 저것은 무슨 신문입니까?
永井 : 저것은 일본어 신문입니다.

▸▸ 확실하게 이해하는 문법 이야기

1 당신의 가방
田中씨의 지갑
4 무슨 신문입니까?
무슨 꽃입니까?

▸▸ 생생 듣기 연습

① あなた　② 私の
③ たばこですか　④ 私の 車です
⑤ あれは 日本語の しんぶんです

▸▸ 실력 꾹! 꾹! 다지기

1. ① の, は　② は, の　③ は, の
2. ① はい、それは 私の ネクタイです。
② 私の 車は あれです。
③ あれは 韓国語の 新聞です。
3. ① 예, 그것은 저의 사전입니다.
② 이것도 永井씨의 노트입니까?
③ 그것은 저의 지우개가 아닙니다.
4. ① それは 私の さいふでは ありません。
② あれも 田中さんの ボールペンですか。
③ では、それは あなたの ハンカチですか。

UNIT09 | その 花は さくらです。

▸▸ 생생 회화

田中 : 이 꽃은 벚꽃입니까?
小川 : 예, 그 꽃은 벚꽃입니다.
田中 : 그 과일은 복숭아입니까?
小川 : 아니오, 이 과일은 복숭아가 아닙니다.
딸기입니다.
田中 : 저 야채도 시금치입니까?
小川 : 아니오, 저 야채는 시금치가 아닙니다.
양배추입니다.

▸▸ 확실하게 이해하는 문법 이야기

1 이 벚꽃
그 딸기
저 야채
어느 양배추

▸▸ 생생 듣기 연습

① さくら ② くだもの
③ ももでは ありません ④ あの やさい
⑤ あの やさいは キャベツです

▸▸ 실력 꾹! 꾹! 다지기

1. ① 딸기 ② 복숭아 ③ 장미
④ 국화 ⑤ 개나리 ⑥ 참외
2. ① はい、その 花は れんぎょうです。
② いいえ、あの くだものは いちごでは ありません。
③ この 花は ばらです。
3. ① 예, 그 과일은 포도입니다.
② 이 야채는 양배추가 아닙니다.
③ 아니오, 저 꽃은 벚꽃이 아닙니다.
4. ① はい、あの やさいは ほうれんそうです。
② いいえ、この 花は つつじでは ありません。
③ その くだものは ももですか、まくわうりですか。

UNIT10 | この 人は だれですか。

▸▸ 생생 회화

永井: 이 사람은 누구입니까?
小川: 그 사람은 中村씨입니다.
永井: 그 분은 누구십니까?
小川: 이 분은 金씨입니다.
永井: 저 분은 일본인입니까?
小川: 예, 그렇습니다.
永井: 저 분은 山田선생님입니까?
小川: 아니오, 그렇지 않습니다. 저 분은 林선생입니다.

▸▸ 확실하게 이해하는 문법 이야기

2 저 분은 누구십니까?

▸▸ 생생 듣기 연습

① だれ ② どなた ③ あの 方
④ はい、そうです ⑤ そうでは ありません

▸▸ 실력 꾹! 꾹! 다지기

1. ① この 人 ② あの 方 ③ 男の 学生
④ 女の 先生 ⑤ 男の 方 ⑥ 女の 方
2. ① その 女の 学生は 金さんです。
② あの 男の 先生は 中村先生です。
③ いいえ、そうでは ありません。その 方は中国人です。
3. ① 이 남자는 누구입니까?
② 그 여선생은 누구십니까?
③ 저 남자 분은 영국인입니다.
4. ① その 女の 方は どなたですか。
② あの 男の 学生は 山田さんです。
③ いいえ、そうではありません。
アメリカ人です。

UNIT11 | それは 私のです。

▸▸ 생생 회화

山田: 이 카메라는 당신의 것입니까?
田中: 예, 그것은 저의 것입니다.
山田: 이 시계도 당신의 것입니까?
田中: 아니오, 그것은 저의 것이 아닙니다.
李씨의 것입니다.
山田: 저 컴퓨터는 누구의 것입니까?
田中: 저 컴퓨터는 森씨의 것입니다.
山田: 저 우산도 森씨의 것입니까?
田中: 아니오, 저 우산은 山本씨의 것입니다.

▸▸ 확실하게 이해하는 문법 이야기

1 저의 것입니다.
선생님의 것입니까?

▸▸ 생생 듣기 연습

① カメラ ② 私の ③ この 時計
④ コンピューター ⑤ いいえ、あの かさは

▸▸ 실력 꾹! 꾹! 다지기

1. ① カメラ ② コンピューター
③ ラジオ ④ テレビ
⑤ マフラー ⑥ スカート
2. ① はい、その ラジオは 私のです。
② いいえ、あの スカートは 私のでは ありません。
③ この 手紙は ともだちのです。
3. ① 이 카메라는 저의 것이 아닙니다.
② 예, 저 컴퓨터는 친구의 것입니다.
③ 아니오, 그 돈은 선배의 것이 아닙니다.
4. ① あの テレビは あなたのですか。
② はい、その マフラーは 山本さんのです。
③ この コンピューターは だれのですか。

UNIT12 | 東京駅は どこですか。

▸▸ 생생 회화

山本：東京역은 어디입니까?
田中：東京역은 저기입니다.
山本：은행은 어디입니까?
田中：은행은 역 앞입니다.
山本：학교는 어디입니까?
田中：학교는 저 건물 앞입니다.
山本：吉田씨의 집은 어디입니까?
田中：저의 집은 길 건너편입니다.

▸▸ 확실하게 이해하는 문법 이야기

1 여기는 東京입니다.
거기는 어디입니까?
2 건물 앞
길 건너편

▸▸ 생생 듣기 연습

① あそこ ② 銀行 ③ 駅の 前
④ あの 建物 ⑤ 道の 向こうです

▸▸ 실력 꾹! 꾹! 다지기

1. ① たてもの ② 東京
③ ゆうびんきょく ④ 銀行
⑤ としょかん ⑥ 学校
2. ① 京都駅は あそこです。
② 郵便局は 銀行の 後ろです。
③ 図書館は 山の 向こうです。
3. ① 학교는 저 건물 뒤쪽입니다.
② 우체국은 저 은행 오른쪽입니다.
③ 저의 집은 길 건너편입니다.
4. ① 銀行は あの 建物の 前です。
② 図書館は あの 銀行の 左です。
③ 学校は 駅の 向こうです。

UNIT13 | 東は どちらですか。

▸▸ 생생 회화

吉田：朴씨의 집은 서울입니까?
朴 ：예, 그렇습니다. 서울입니다.
吉田：서울의 어디입니까? 서울역 근처입니까?
朴 ：아니오, 서울역 근처는 아닙니다.
이것은 서울시의 지도입니다.
서울역은 여기입니다.
저의 집은 이 부근입니다.
吉田：동쪽은 어느 쪽입니까?
朴 ：동쪽은 이쪽입니다. 저의 집은 서울역의 남쪽입니다.

▸▸ 확실하게 이해하는 문법 이야기

1 서울역은 어느 쪽입니까?(서울역은 어디입니까?)

▸▸ 생생 듣기 연습

① ソウル ② ソウル駅 ③ 地図です
④ 私の うちは ⑤ 東は こちらです

▸▸ 실력 꾹! 꾹! 다지기

1. ① 회사 ② 식당 ③ 병원
④ 백화점 ⑤ 입구 ⑥ 출구
2. ① はい、会社は ソウル駅の 近くです。
② いいえ、食堂は 病院の 近くでは ありません。
③ ホテルの 入口は こちらです。
3. ① 박씨의 대학은 이 부근입니까?
② 아니오, 식당은 회사 근처가 아닙니다.
③ 이것은 서울시의 지도입니다. 서울역은 여기입니다.
4. ① 私の うちは ソウル駅の 東です。
② はい、デパートは この 辺です。
③ ホテルの 出口は どちらですか。

UNIT14 | 何が ありますか。

▸▸ 생생 회화

田中：거기에 무엇이 있습니까?
吉田：여기에 책꽂이가 있습니다.
田中：거기에 책장도 있습니까?
吉田：아니오, 여기에는 책장은 없습니다.
田中：책상 위에 무엇이 있습니까?
吉田：책상 위에는 인형이 있습니다.
田中：의자 위에도 인형이 있습니까?
吉田：아니오, 의자 위에는 인형은 없습니다. 방석이 있습니다.

▸▸ 확실하게 이해하는 문법 이야기

1 책은 없습니다.
책이 아닙니다.
2 여기에 인형이 있습니다.
3 거기에 무엇이 있습니까?

4 여기에는 없습니다.
거기에도 있습니까?

▸▸ 생생 듣기 연습

① 本立て ② ほんだな
③ 何が ありますか ④ いすの 上にも
⑤ ざぶとんが あります

▸▸ 실력 꾹! 꾹! 다지기

1. ① 窓 ② 戸 ③ ピアノ
④ 木 ⑤ はさみ ⑥ ナイフ
2. ① はい、つくえの 上に 本立てが あります。
② いいえ、ここには 石は ありません。
③ いすの 上には ざぶとんが あります。
3. ① 아니오, 여기에는 창문은 없습니다.
② 거기에 비디오도 있습니까?
③ 책상 위에 칼이 있습니다.
4. ① ここには 戸は ありません。
② いいえ、ここに ほんだなは ありません
③ あそこには 木も ありますか。

UNIT15 | 何か ありますか。

▸▸ 생생 회화

永井:방 안에 무엇이 있습니까?
小川:전화랑 테이블 등이 있습니다.
永井:테이블 위에 뭔가 있습니까?
小川:예, 있습니다.
永井:무엇이 있습니까?
小川:화병이 있습니다.
永井:테이블 밑에도 뭔가 있습니까?
小川:아니오, 테이블 밑에는 아무것도 없습니다.

▸▸ 확실하게 이해하는 문법 이야기

1 A :무엇이 있습니까?
B :책이 있습니다.
A : 뭔가 있습니까?
B : 아니오, 아무것도 없습니다.
2 아무것도 없습니다.
3 나무나 돌
사과랑 배

▸▸ 생생 듣기 연습

① へや ② テーブル
③ 何か ありますか ④ かびんが あります
⑤ テーブルの 下には

▸▸ 실력 꾹! 꾹! 다지기

1. ① の, に, か ② の, に, が
2. ① (へやの 中に) れいぞうこが あります。
② はい、(テーブルの 上に 何か) あります。
③ いいえ、(テーブルの 下には) 何も ありません。
3. ① 방 안에 장롱이랑 전화 등이 있습니다.
② 테이블 위에 화병이 있습니다.
③ 서랍 안에 열쇠랑 접시 등이 있습니다.
4. ① へやの 中に せんぷうきが あります。
② はい、ベッドや ストーブなどが あります。
③ たんすの 中には 何も ありません。

UNIT16 | だれが いますか。

▸▸ 생생 회화

吉田:거기에 누가 있습니까?
田中:여기에 鈴木씨와 小林씨가 있습니다.
吉田:거기에 高橋씨도 있습니까?
田中:아니오, 여기에는 高橋씨는 없습니다.
吉田:교실에 지금 누가 있습니까?
田中:교실에는 지금 崔씨와 鄭씨가 있습니다.
吉田:李선생님은 지금 어디에 있습니까?
田中:李선생님은 지금 운동장에 있습니다.

▸▸ 확실하게 이해하는 문법 이야기

2 사과와 배
사과랑 배

▸▸ 생생 듣기 연습

① だれ ② いますか
③ いません ④ 教室に
⑤ 今 運動場に います

▸▸ 실력 꾹! 꾹! 다지기

1. ① きょうしつ ② 猫
③ うんどうじょう ④ 牛
⑤ びよういん ⑥ 馬
2. ① ここに 牛と 馬が います。
② いいえ、ここには 魚は いません。
③ トイレには 今 崔さんが います。

3. ① 이발소에는 鈴木씨와 小林씨가 있습니다.
② 高橋씨는 지금 화장실에 있습니다.
③ 운동장에는 崔씨와 鄭씨가 있습니다.
4. ① ここに 犬と 猫が います。
② いいえ、ここには 鳥は いません。
③ 美容院には 今 だれが いますか。

UNIT17 | だれか いますか。

▸▸ 생생 회화

中村 : 사무실에 누가 있습니까?
小林 : 사무실에는 渡辺씨랑 石田씨가 있습니다.
中村 : 伊藤씨도 있습니까?
小林 : 아니오, 伊藤씨는 없습니다.
中村 : 金사장은 지금 어디에 있습니까?
小林 : 金사장은 지금 응접실에 있습니다.
中村 : 2층에 누군가 있습니까?
小林 : 아니오, 2층에는 아무도 없습니다.

▸▸ 확실하게 이해하는 문법 이야기

1 A : 누가 있습니까?
B : 金씨가 있습니다.
A : 누군가 있습니까?
B : 아니오, 아무도 없습니다.

▸▸ 생생 듣기 연습

① だれが ② いません
③ どこに いますか ④ 応接室に います。
⑤ 二階には だれも いません。

▸▸ 실력 꾹! 꾹! 다지기

1. ① あります ② います ③ あります
2. ① 庭には 李さんや 石田さんが います。
② 金課長は 今 応接室に います。
③ いいえ、一階には だれも いません。
3. ① 사무실에는 金부장이랑 李과장이 있습니다.
② 渡辺씨는 지금 체육관에 있습니다.
③ 아니오, 伊藤씨는 지금 가게에 없습니다.
4. ① 応接室には 李社長が います。
② 伊藤先生は 今 講堂に います。
③ いいえ、二階には だれも いません。

UNIT18 | いくつ ありますか。

▸▸ 생생 회화

鈴木 : 건물 안에 교실은 몇 개 있습니까?
田中 : 교실은 24개 있습니다.
鈴木 : 교실 안에 책상은 몇 개 있습니까?
田中 : 책상은 36개 있습니다.
鈴木 : 모두 학생 책상입니까?
田中 : 아니오, 학생 책상뿐만이 아닙니다.
선생님 책상도 있습니다.
鈴木 : 선생님 책상은 몇 개 있습니까?
田中 : 선생님 책상은 하나밖에 없습니다.

▸▸ 확실하게 이해하는 문법 이야기

1 의자는 몇 개 있습니까?
鈴木씨는 올해 몇 살입니까?
3 선생님 책상은 하나뿐입니다.
4 선생님 책상은 하나밖에 없습니다.

▸▸ 생생 듣기 연습

① 二十四 ② いくつ ありますか
③ 三十六 ④ 学生の つくえ
⑤ 一つしか ありません

▸▸ 실력 꾹! 꾹! 다지기

1. ① 건물 ② 칠판 ③ 휴지통
④ 양말 ⑤ 장갑 ⑥ 회의실
2. ① 建物の 中に 研究室は 三つ あります。
② 教室の 中に 黒板は 二つ あります。
③ 子供の ベッドは 一つだけです。
3. ① 건물 안에 회의실은 몇 개 있습니까?
② 교실 안에 책상은 36개 있습니다.
③ 아니오, 어른 양말뿐만이 아닙니다.
4. ① 教室の 中に ごみ箱は いくつ ありますか。
② いいえ、学生の つくえだけでは ありません。
③ 先生の つくえは 一つしか ありません。

UNIT19 | 何人 いますか。

▸▸ 생생 회화

小川 : 이 학급에는 학생이 많이 있습니다.
鈴木 : 모두 남학생입니까?
小川 : 아니오, 여학생도 있습니다.
鈴木 : 남학생은 몇 명 있습니까?

小川 : 남학생은 30명 있습니다.
鈴木 : 남학생은 어느 나라의 학생입니까?
小川 : 모두 일본 학생입니다.
鈴木 : 여학생은 몇 명 있습니까?
小川 : 여학생은 두 사람밖에 없습니다. 한 사람은 한국 학생입니다. 또 한 사람은 중국 학생입니다.

▸▸ 확실하게 이해하는 문법 이야기

1 남학생은 몇 사람입니까?
여학생은 몇 명 있습니까?
2 한국 학생은 여러 사람 있습니다.
미국 학생은 많이 있습니다.
4 어느 나라 학생
어느 나라 선생님

▸▸ 생생 듣기 연습

① 男の 学生 ② 女の 学生
③ 三十人 ④ 日本の 学生です
⑤ 一人は 韓国の 学生です

▸▸ 실력 꾹! 꾹! 다지기

1. ① ふたり ② 四人
③ かんこく ④ 中国
⑤ びじゅつかん ⑥ 映画館
2. ① 男の 学生は 十人 います。
② みんな 中国の 学生です。
③ 女の 学生は 二人だけです。
3. ① 영화관에는 학생이 많이 있습니다.
② 아니오, 여학생은 한 사람도 없습니다.
③ 또 한 사람은 한국 학생입니다.
4. ① この クラスには 女の 学生が おおぜい います。
② 日本の 学生は 三人しか いません。
③ 男の 学生は みんな ドイツの 学生です。

UNIT20 | 실력 테스트 문제(1)

1. ②	2. ④	3. ②	4. ①	5. ③
6. ①	7. ③	8. ②	9. ④	10. ③
11. ①	12. ④	13. ②	14. ①	15. ④
16. ③	17. ①	18. ④	19. ④	20. ①
21. ④	22. ②	23. ③	24. ③	25. ①
26. ②	27. ③	28. ④	29. ①	30. ②
31. ③	32. ③	33. ②	34. ④	35. ①
36. ②	37. ①	38. ④	39. ③	40. ③

UNIT21 | 一枚 いくらですか。

▸▸ 생생 회화

이 상점에는 셔츠가 많이 있습니다.
큰 셔츠도 작은 셔츠도 있습니다.
小林 : 이 셔츠는 질이 좋습니까?
店員 : 그렇습니다. 그것은 대단히 좋은 셔츠입니다.
小林 : 이 셔츠는 한 장에 얼마입니까?
店員 : 그것은 한 장에 7천 엔입니다.
小林 : 비싸군요.
店員 : 싼 셔츠도 있습니다. 이것은 한 장에 5천 엔입니다.

▸▸ 확실하게 이해하는 문법 이야기

1 이 가방은 얼마입니까?
그 모자는 얼마입니까?
3 한 장에 얼마입니까?
두 장에 얼마입니까?
4 ① 이것은 비싸군요.
② 오늘은 12일이죠?

▸▸ 생생 듣기 연습

① この 店 ② 小さい シャツ ③ 質が いい
④ いい シャツです ⑤ それは 一枚 七千円です。

▸▸ 실력 꾹! 꾹! 다지기

1. ① クラス ② シャツ ③ パン
④ ケーキ ⑤ スカーフ ⑥ ハンドバッグ
2. ① この 店には ケーキが たくさん あります。
② はい、その シャツは 質が いいです。
③ あの スカーフは 一枚 三千円です。
3. ① 큰 셔츠도 작은 셔츠도 있습니다.
② 그것은 대단히 좋은 핸드백입니다.
③ 싼 스카프는 두 장에 5천 엔입니다.
4. ① この 店には ケーキが たくさん あります。
② 高い パンも 安い パンも あります。
③ はい、その ハンドバッグは たいへん 質が いいです。

UNIT22 | 何本 ありますか。

▸▸ 생생 회화

高橋 : 前田씨, 거기에 봉투는 몇 장 있습니까?
前田 : 봉투는 12장 있습니다.

高橋：田中씨, 당신 있는 곳에도 12장 있습니까?
田中：아니오, 봉투는 3장밖에 없습니다. 그러나 우표는 12장 있습니다.
高橋：거기에 연필은 몇 자루 있습니까?
田中：연필은 긴 것이 한 자루, 짧은 것이 세 자루 있습니다.

▸▸ 확실하게 이해하는 문법 이야기

2 ① 이것은 저의 책입니다.
② 그것은 당신의 것입니까?
③ 긴 것이 비쌉니다.

▸▸ 생생 듣기 연습

① ふうとう ② 十二枚
③ あなたの ところ ④ 何本 ありますか。
⑤ 短いのが 三本 あります。

▸▸ 실력 꾹! 꾹! 다지기

1. ① 大きい ② 小さい ③ 高い
④ 安い ⑤ 長い ⑥ 短い
2. ① ここに ふうとうは 二十枚 あります。
② チケットは 十枚 あります。
③ ここに ワインは 三本 あります。
3. ① 아니오, 명함은 한 장밖에 없습니다.
② 거기에 맥주는 몇 병 있습니까?
③ 긴 것이 한 자루, 짧은 것이 세 자루 있습니다.
4. ① ここに 切手は 十二枚 あります。
② しかし、チケットは 三枚しか ありません。
③ 長い えんぴつが 三本 あります。

UNIT23 | 一冊 千ウォンです。

▸▸ 생생 회화

여기는 문구점입니다. 이 가게에는 종이랑 연필이랑 볼펜이랑 자 등이 있습니다. 또 여러 가지 노트가 있습니다. 두꺼운 것도 얇은 것도 있습니다.

鈴木：값은 모두 같습니까?
店員：아니오, 같지 않습니다. 두꺼운 것은 한 권에 2천원이며, 얇은 것은 한 권에 천 원입니다.

▸▸ 확실하게 이해하는 문법 이야기

2 책방 · 서점, 빵집 · 빵 가게, 담배집 · 담배 가게, 꽃집 · 꽃장수, 생선 가게 · 생선 장수

4 이것은 볼펜이다. 저것은 노트이다.
이것은 볼펜이며, 저것은 노트입니다.

▸▸ 생생 듣기 연습

① 文房具屋 ② 紙や えんぴつ
③ 厚いのも ④ みんな 同じですか
⑤ 薄いのは 一冊 千ウォンです

▸▸ 실력 꾹! 꾹! 다지기

1. ① 高い ② 安い ③ 長い
④ 短い ⑤ 厚い ⑥ 薄い
2. ① 花屋には ばらや きくなどが あります。
② いいえ、サイズは みんな 同じでは ありません。
③ 厚いのは 一冊 二千ウォンです。
3. ① 문구점에는 종이랑 자 등이 있습니다.
② 노트는 두꺼운 것도 얇은 것도 있습니다.
③ 값은 모두 같지 않습니다.
4. ① ここは 魚屋です。
② この 店には いろいろな 紙が あります。
③ 薄い ノートは 三冊で 二千ウォンです。

UNIT24 | 今日は 何日ですか。

▸▸ 생생 회화

小川：오늘은 며칠입니까?
永井：오늘은 3일입니다. 내일은 4일이며, 모레는 5일입니다. 어제는 2일이며, 그저께는 1일이었습니다.
小川：이달은 몇 월입니까?
永井：이달은 3월입니다.
小川：다음 달은 몇 월입니까?
永井：다음 달은 4월입니다.
小川：지난달은 몇 월이었습니까?
永井：지난달은 2월이었습니다.

▸▸ 확실하게 이해하는 문법 이야기

3 오늘은 3일입니다.
어제는 2일이었습니다.

▸▸ 생생 듣기 연습

① 何日 ② 四日, 五日
③ 二日, 一日 ④ 四月です。
⑤ 先月は 何月でしたか。

▸▸ 실력 꾹! 꾹! 다지기

1. ① みっか, よっか
   ② きょう, あさって
   ③ いちがつ, さんがつ
2. ① あさっては 五日です。
   ② きのうは 十日でした。
   ③ 先月は 二月でした。
3. ① 그저께는 며칠이었습니까?
   ② 내일은 2일이며, 모레는 3일입니다.
   ③ 이달은 4월이며, 다음 달은 5월입니다.
4. ① おとといは 七日でした。
   ② 来月は 三月です。
   ③ 先月は 一月でした。

UNIT25 | 今日は 何曜日ですか。

▸▸ 생생 회화

小川 : 오늘은 몇 월 며칠입니까?
永井 : 오늘은 9월 14일입니다.
小川 : 오늘은 무슨 요일입니까?
永井 : 오늘은 화요일입니다.
小川 : 그러면 다음 주 월요일은 며칠입니까?
永井 : 다음 주 월요일은 20일입니다.
小川 : 지난 주 목요일은 며칠이었습니까?
永井 : 지난 주 목요일은 9일이었습니다.
小川 : 올해는 서기 몇 년입니까?
永井 : 올해는 서기 2010년입니다.

▸▸ 생생 듣기 연습

① 何月 何日　② 十四日
③ 月曜日　④ 先週の 土曜日は
⑤ 今年は 西暦 何年ですか。

▸▸ 실력 꾹! 꾹! 다지기

1. ① じゅうよっか　② くがつ
   ③ せんしゅう　④ どようび
   ⑤ ことし　⑥ きょねん
2. ① あしたは 九月 二十四日です。
   ② あさっては 月曜日です。
   ③ 先週の 日曜日は 九日でした。
3. ① 오늘은 9월 14일입니다.
   ② 그러면 다음 주 토요일은 며칠입니까?
   ③ 다음 다음 주 목요일은 18일입니다.
4. ① あしたは 何曜日ですか。
   ② 来週の 金曜日は 何日ですか。
   ③ 今年は 西暦 何年ですか。

UNIT26 | 今 何時ですか。

▸▸ 생생 회화

渡辺 : 지금 몇 시입니까?
前田 : 지금 8시입니다.
渡辺 : 지금 10시 몇 분입니까?
前田 : 지금 10시 10분입니다.
渡辺 : 지금 몇 시 몇 분입니까?
前田 : 지금 12시 5분 전입니다.
渡辺 : 일은 몇 시부터 몇 시까지입니까?
前田 : 일은 오전 9시부터 오후 6시까지입니다.

▸▸ 확실하게 이해하는 문법 이야기

3 8시 5분 전입니다.
  8시 정각입니다.
  8시 5분 지났습니다.
4 여기에서 거기까지

▸▸ 생생 듣기 연습

① 何時　② 八時　③ 何分ですか
④ 十二時 五分前
⑤ 仕事は 何時から 何時までですか

▸▸ 실력 꾹! 꾹! 다지기

1. ① よじ　② ごふん
   ③ くじ　④ じっぷん
   ⑤ じゅうにじ　⑥ にじっぷん
2. ① 今 午前 八時です。
   ② 今 一時 十分です。
   ③ 仕事は 午前 九時からです。
3. ① 지금 7시 10분 전입니다.
   ② 지금 4시 20분 지났습니다.
   ③ 일은 오후 6시부터 10시까지입니다.
4. ① 今 九時 何分ですか。
   ② 今 十二時 ちょうどです。
   ③ 仕事は 午後 五時までです。

UNIT27 | 少し 高いです。

▸▸ 생생 회화

田中 : 어느 사과가 맛있습니까?

店員:저 빨간 사과가 맛있습니다.
田中:저 사과는 비쌉니까?
店員:예, 조금 비쌉니다.
田中:싸고 맛있는 것은 없습니까?
店員:이것이 싸고 맛있습니다.
田中:그것은 하나에 얼마입니까?
店員:이것은 하나에 50엔입니다.
田中:그러면 그것을 세 개 주십시오.
店員:예, 고맙습니다.

▸▸ 확실하게 이해하는 문법 이야기

1 사과는 맛있습니다.
맛있는 사과입니다.
2 크고 싸다.
맛있고 싸다.
3 이 수박을 주세요.
이것을 하나 주세요.
4 맛있는 것을 주세요.
표를 두 장 주십시오.

▸▸ 생생 듣기 연습

① りんご ② 赤い りんご ③ 少し 高い
④ 安くて おいしい
⑤ はい、ありがとう ございます

▸▸ 실력 꾹! 꾹! 다지기

1. ① 비싸다 ↔ 安い
② 무겁다 ↔ 軽い
2. ① 赤い りんごが 甘いです。
② はい、青い りんごは 少し すっぱいです。
③ これが 大きくて 軽いです。
3. ① 저 노란 사과가 맛있습니다.
② 이 사과는 답니까, 십니까?
③ 저 사과는 싸고 맛있습니다.
4. ① これが 大きくて おいしいです。
② はい、少し 重いです。
③ それでは、それを 五枚 下さい。

UNIT28 | 大きく ありません。

▸▸ 생생 회화

前田:田中씨, 당신의 집은 큽니까?
田中:아니오, 그다지 크지 않습니다. 작습니다.
前田:당신의 방은 넓습니까?
田中:넓지도 좁지도 안습니다. 딱 좋습니다.
前田:당신의 방은 밝습니까?
田中:예, 방은 아주 밝습니다.
前田:방의 천정은 높습니까?
田中:아니오, 천정은 높지는 않습니다. 조금 낮습니다.

▸▸ 확실하게 이해하는 문법 이야기

1 집은 크지 않습니다.
집은 크지 않습니다.
집은 크지도 않습니다.
방은 넓지는 않습니다.
2 방은 너무 넓습니다.
그다지 넓지 않습니다.
3 딱 좋습니다.
정확히 10시입니다.

▸▸ 생생 듣기 연습

① 家 ② 大きく
③ あなたの へや ④ ちょうど いいです
⑤ へやは とても 明るいです

▸▸ 실력 꾹! 꾹! 다지기

1. ① これは 小さい 家です。
② あれは 新しい 車です。
③ それは 広い へやです。
2. ① 広い ② 狭い ③ 高い
④ 低い ⑤ 多い ⑥ 少ない
3. ① 천정은 높지도 낮지도 않습니다.
② 田中씨의 차는 새것입니까?
③ 방은 밝지 않습니다. 딱 좋습니다.
4. ① いいえ、あまり 黒く ありません。
② へやは 広くも 狭くも ありません。
③ 多くは ありません。ちょっと 少ないです。

UNIT29 | にぎやかな ところです。

▸▸ 생생 회화

吉田:姜씨, 이것이 東京의 지도입니다.
여기는 東京역이며, 여기는 銀座입니다.
姜 :東京역에서 銀座까지는 멉니까?
吉田:아니오, 멀지 않습니다. 가깝습니다.
姜 :銀座는 번화한 곳입니까?
吉田:예, 대단히 번화한 곳입니다.
銀座에는 유명한 백화점도 많이 있습니다.
姜 :교통은 편리합니까?
吉田:예, 교통은 아주 편리합니다.

▸▸ 확실하게 이해하는 문법 이야기

1 유명한 사람
예쁜 사람
2 빨간 꽃
유명한 사람

▸▸ 생생 듣기 연습

① 地図 ② 遠いですか
③ にぎやかな ところ ④ 有名な デパート
⑤ 交通は とても 便利です

▸▸ 실력 꾹! 꾹! 다지기

1. ① 맵다 ② 편리하다 ③ 짜다
④ 화려하다 ⑤ 쓰다 ⑥ 건강하다
2. ① こうつう ② 有名
③ きけん ④ 地味
⑤ しんせつ ⑥ 安全
3. ① 아니오. 맵지 않습니다. 씁니다.
② 여기는 대단히 위험한 곳입니다.
③ 수수한 디자인도 많이 있습니다.
4. ① 東京駅から 銀座までは 近いですか。
② はい、姜さんは とても 親切です。
③ 銀座は たいへん にぎやかな ところです。

UNIT30 | 静かでは ありません。

▸▸ 생생 회화

石田 : 朴씨의 대학은 어떠한 곳에 있습니까?
朴 : 대단히 조용한 곳에 있습니다.
石田 : 대학에 기숙사도 있습니까?
朴 : 예, 깨끗하고 근사한 기숙사가 있습니다.
石田 : 기숙사의 방은 큽니까, 작습니까?
朴 : 상당히 큽니다.
石田 : 독서실도 있습니까?
朴 : 예, 조용하고 깨끗한 독서실이 있습니다.
石田 : 휴게실은 조용합니까?
朴 : 아니오, 휴게실은 그다지 조용하지 않습니다.

▸▸ 확실하게 이해하는 문법 이야기

1 조용하지(는) 않습니다.
조용하지(는) 않습니다.
2 조용하고 안전하다.
근사하고 깨끗하다.
3 이 방은 깨끗합니다.
朴씨는 예쁩니다.
4 이런 사람 그런 사람
저런 사람 어떤 사람

▸▸ 생생 듣기 연습

① 静かな ② きれいで 立派な
③ 大きいですか ④ 静かで きれいな
⑤ 休憩室は あまり 静かでは ありません

▸▸ 실력 꾹! 꾹! 다지기

1. ① く ② な ③ で
2. ① りっぱ ② どくしょしつ
③ ひま ④ ようちえん
⑤ ゆうしゅう ⑥ どうぶつえん
3. ① 깨끗하고 근사한 레스토랑이 있습니다.
② 朴씨는 성실하고 우수한 학생입니다.
③ 아니오, 휴게실은 그다지 조용하지 않습니다.
4. ① 動物園は どんな ところに ありますか。
② りょうの へやは かなり 大きいです。
③ いいえ、 あまり 変では ありません。

UNIT31 | 九時に 始まります。

▸▸ 생생 회화

高橋 : 학교는 매일 몇 시에 시작됩니까?
山田 : 오전 9시에 시작됩니다.
高橋 : 그러면, 몇 시쯤 집을 나옵니까?
山田 : 8시쯤 집을 나옵니다.
高橋 : 학교는 몇 시에 끝납니까?
山田 : 오후 5시에 끝납니다.
高橋 : 매일 몇 시쯤 집으로 돌아갑니까?
山田 : 5시 반쯤 집으로 돌아갑니다.

▸▸ 확실하게 이해하는 문법 이야기

1 사람이 간다.
가는 사람.
4 서울에(서울로) 갑니다.

▸▸ 생생 듣기 연습

① 学校 ② 午前 九時
③ うちを 出ますか ④ 終わりますか
⑤ 五時半ごろ うちへ 帰ります

▸▸ 실력 꾹! 꾹! 다지기

1. ① じゅぎょう ② 午前

③ かいぎ　　　　④ 食事
⑤ べんきょう　　⑥ 新聞

2. ① 仕事は 午前 九時に 始まります。
② 毎日 八時ごろ うちを 出ます。
③ 授業は 午後 六時に 終わります。

3. ① 학교는 매일 몇 시에 시작됩니까?
② 매일 아침 8시쯤 밥을 먹습니다.
③ 저는 5시 반쯤 집으로 돌아갑니다.

4. ① 会議は 何時に 始まりますか。
② 朝 六時ごろ 新聞を 読みます。
③ 私は 毎日 お茶を 飲みます。

UNIT32 | テレビは あまり 見ません。

▸▸ 생생 회화

田中 : 吉田씨는 아침 몇 시에 일어납니까?
吉田 : 저는 아침 6시에 일어납니다.
田中 : 밤에는 몇 시쯤 잡니까?
吉田 : 대개 12시쯤 잡니다.
田中 : 매일 아침 운동을 합니까?
吉田 : 예, 매일 아침 운동을 합니다.
田中 : 어떤 운동을 합니까?
吉田 : 매일 아침 테니스를 칩니다.
田中 : 매일 아침 텔레비전도 봅니까?
吉田 : 텔레비전은 그다지 보지 않습니다.

▸▸ 확실하게 이해하는 문법 이야기

3 아침 6시에 일어납니다.
4 8시쯤
젊은 시절

▸▸ 생생 듣기 연습

① 起きます　　② 寝ますか
③ 運動を します　　④ 毎朝 テレビ
⑤ テレビは あまり 見ません。

▸▸ 실력 꾹! 꾹! 다지기

1. ① 食べます ② します ③ 見ます
④ 起きます ⑤ 吸います ⑥ 寝ます

2. ① よる ② さけ ③ まいあさ
④ うんどう ⑤ すいえい ⑥ れんしゅう

3. ① 吉田씨는 매일 수영을 합니까?
② 저는 대개 12시쯤 잡니다.
③ 아니오, 술은 그다지 마시지 않습니다.

4. ① 私は 朝 遅く 起きます。
② 私は 毎朝 テニスを します。
③ いいえ、ゴルフは あまり しません。

UNIT33 | 学校で 日本語を 習います。

▸▸ 생생 회화

山中 : 姜씨는 아침에 신문을 읽습니까?
姜 : 아니오, 저는 아침에는 신문을 읽지 않습니다.
점심시간에 학교 도서관에서 읽습니다.
山中 : 점심은 어디에서 먹습니까?
姜 : 점심은 학교 식당에서 먹습니다.
山中 : 姜씨는 학교에서 무엇을 배웁니까?
姜 : 저는 학교에서 일본어를 배웁니다.
山中 : 다른 외국어도 배웁니까?
姜 : 아니오, 다른 외국어는 배우지 않습니다.
하루 종일 일본어만을 배웁니다.

▸▸ 확실하게 이해하는 문법 이야기

2 방에서 책을 읽습니다.
3 어디에 있습니까?
어디에서 먹습니까?
4 온 집안
전세계

▸▸ 생생 듣기 연습

① 新聞　　② 昼休み
③ 学校の 食堂　　④ 日本語を 習います
⑤ 一日中 日本語だけを 習います

▸▸ 실력 꾹! 꾹! 다지기

1. ① に, の, で　　② の, の, で
③ で, の, を

2. ① 顔を 洗う　　② 音楽を 聞く
③ 英語を 習う

3. ① 학교 도서관에서 책을 읽습니다.
② 점심은 학교 식당에서 먹습니다.
③ 매일 학교에서 러시아어를 배웁니다.

4. ① 朝は 新聞を 読みません。
② 他の 外国語は 習いません。
③ 一日中 うちで 何を しますか。

UNIT34 | 電車で 行きます。

▸▸ 생생 회화

田中:吉田씨는 지금 어디에 갑니까?
吉田:저는 지금 친구 집에 갑니다.
田中:친구의 집은 어디에 있습니까?
吉田:친구의 집은 新宿에 있습니다.
田中:新宿까지 버스로 갑니까, 전철로 갑니까?
吉田:전철로 갑니다.
田中:여기에서 新宿까지 어느 정도 걸립니까?
吉田:1시간쯤 걸립니다.
田中:조금 멀군요.
吉田:예, 그렇습니다.

▸▸ 확실하게 이해하는 문법 이야기

1 학교에 갑니까?
학교에(로) 갑니까?
2 전철로 갑니다.
3 1시간쯤 걸립니다.
어느 정도 걸립니까?
4 30분쯤 걸립니다.
5천 엔 정도 듭니다.

▸▸ 생생 듣기 연습

① どこ ② 友達の うち
③ バスで 行きますか ④ どの くらい
⑤ ちょっと 遠いですね

▸▸ 실력 꾹! 꾹! 다지기

1. ① の, は, に ② で, で ③ から, まで
2. ① テニス ② ゴルフ ③ サッカー
④ スーパー ⑤ コンビニ ⑥ タクシー
3. ① 친구의 집은 福岡에 있습니까?
② 여기에서 新宿까지 택시로 갑니다.
③ 서울에서 버스로 3시간쯤 걸립니다.
4. ① 私は 今 コンビニへ 行きます。
② 釜山まで 飛行機で 一時間 かかります。
③ ちょっと 遠いですね。/はい、そうです。

UNIT35 | どこへ 行く バスですか。

▸▸ 생생 회화

林:이 부근에 버스 정류장은 없습니까?
朴:저 흰 빌딩 앞에 있습니다.
林:저것은 어디에 가는 버스입니까?
朴:종로 쪽으로 가는 버스입니다.
林:명동에 가는 버스도 저기에서 탑니까?
朴:예, 그렇습니다. 10번 버스입니다.
林:어디에서 오는 버스입니까?
朴:신촌에서 오는 버스입니다.
林:저기에 있는 사람은 모두 버스를 탑니까?
朴:예, 아마 버스를 타겠지요.

▸▸ 확실하게 이해하는 문법 이야기

1 명동에 가는 버스
어디에서 오는 버스
3 택시를 타다.
4 비싸겠지요.
조용하겠지요.
갈 것입니다.

▸▸ 생생 듣기 연습

① バス停 ② 白い ビル
③ あそこで 乗りますか ④ どこから 来る
⑤ たぶん バスに 乗るでしょう

▸▸ 실력 꾹! 꾹! 다지기

1. ① 부근, 근처 ② 버스 정류장
③ 배 ④ 열차
⑤ 도시락 ⑥ 짐
2. ① 乗る ② 来る ③ 売る
④ 預かる ⑤ 降りる ⑥ 待つ
3. ① 이 부근에 버스 터미널은 없습니까?
② 서울에 가는 열차도 저기에서 탑니까?
③ 짐을 보관하는 곳은 어디에 있습니까?
4. ① あれは どこへ 行く 列車ですか。
② 新村から 来る バスは 何番ですか。
③ はい、たぶん バスを 待つでしょう。

UNIT36 | 本を 借りに 行きます。

▸▸ 생생 회화

吉田:田中씨, 지금 어디에 갑니까?
田中:저는 지금 학교 도서관에 갑니다.
吉田:무엇을 하러 갑니까?
田中:책을 빌리러 갑니다.
吉田:아~, 그렇습니까?
저도 지금 도서관에 가려는 참입니다.

田中：그러면 같이 갑시다.
吉田：田中씨, 돌아오는 길에 井上씨의 집에 놀러 가지 않겠습니까?
田中：좋지요.

▸▸ 확실하게 이해하는 문법 이야기

1 보러 간다.
여행하러 간다(여행을 간다).
2 지금 수업이 시작될 참입니다.
3 일찍 집으로 돌아갑시다.
4 귀가가 빠릅니다.

▸▸ 생생 듣기 연습

① 図書館 ② 借りに
③ 行く ところです ④ 一緒に 行きましょう
⑤ 遊びに 行きませんか

▸▸ 실력 꾹! 꾹! 다지기

1. ① 遊びに ② 迎えに ③ 働きに
④ 見に ⑤ しに ⑥ 食べに
2. ① りゅうがく ② 友達 ③ りょこう
④ 工場 ⑤ えいが ⑥ 空港
3. ① 도서관에 책을 빌리러 갑니다.
② 공항에 친구를 맞이하러 갑니다.
③ 돌아오는 길에 쇼핑을 하러 가지 않겠습니까?
4. ① 私は 日本へ 旅行に 行きます。
② 井上さんは 工場へ 働きに 行きます。
③ 今 外へ でかける ところです。

UNIT37 | きのう 何を しましたか。

▸▸ 생생 회화

吉田：田中씨, 어제 무엇을 했습니까?
田中：저는 어제 식물원에 갔습니다.
吉田：누구와 같이 갔습니까?
田中：친구인 橋本씨와 같이 갔습니다.
吉田：그렇습니까? 무엇을 보았습니까?
田中：식물원에서 아름다운 꽃이랑 풀을 보았습니다.
吉田：거기에서 사진도 찍었습니까?
田中：예, 사진도 많이 찍었습니다.
吉田：박물관에도 갔습니까?
田中：아니오, 박물관에는 가지 않았습니다.

▸▸ 확실하게 이해하는 문법 이야기

1 테니스를 쳤습니다.
사진을 찍었습니다.
2 테니스를 치지 않았습니다.
사진을 찍지 않았습니다.
3 선생님과 이야기했습니다.
4 학생인 山田씨.

▸▸ 생생 듣기 연습

① 博物館 ② 一緒に 行きました
③ 花や 草 ④ 写真も 撮りましたか
⑤ 博物館には 行きませんでした

▸▸ 실력 꾹! 꾹! 다지기

1. ① しょくぶつえん ② いっしょ
③ しゃしん ④ はくぶつかん
⑤ こうえん ⑥ やきゅうじょう
2. ① 아름답다 ② 탁구 ③ 귀엽다
④ 농구 ⑤ 귀하다 ⑥ 스키장
3. ① 친구인 橋本씨와 같이 갔습니다.
② 식물원에서 귀여운 꽃이랑 풀을 보았습니다.
③ 아니오, 야구장에는 가지 않았습니다.
4. ① 田中さんは きのう どこへ 行きましたか。
② 友達と 一緒に ピンポンを しました。
③ 公園で 写真も たくさん 撮りました。

UNIT38 | きのうは 寒かったですか。

▸▸ 생생 회화

山中：오늘은 좋은 날씨입니다. 내일도 좋은 날씨일까요?
前田：내일도 아마 좋은 날씨이겠지요.
山中：어제도 좋은 날씨였습니까?
前田：아니오, 어제는 좋은 날씨가 아니었습니다.
어제는 비가 내렸습니다. 바람도 불었습니다.
山中：어제는 추웠습니까?
前田：아니오, 어제는 춥지 않았습니다.
어제는 따뜻했습니다.
山中：내일은 어떨까요?
前田：내일도 춥지 않겠지요. 아마 따뜻하겠지요.

▸▸ 확실하게 이해하는 문법 이야기

1 이것은 비쌀까요?
내일 돌아갈까요?

3 추웠다.
추웠습니다.
춥지 않습니다.
춥지 않았습니다.

▸▸ 생생 듣기 연습

① いい　② ありませんでした
③ 雨が 降りました　④ 寒く なかったです
⑤ あしたも 寒く ないでしょう

▸▸ 실력 꾹! 꾹! 다지기

1. ① 暑かった　② 暖かかった
③ 涼しかった　④ むし暑かった
2. ① むし暑くない, むし暑くなかった
② 忙しくない, 忙しくなかった
③ おもしろくない, おもしろくなかった
3. ① 어제는 하루 종일 하늘이 맑았습니다.
② 예, 어제는 무더웠습니다.
③ 아니오, 재미있지 않았습니다.
4. ① あしたは たぶん いい 天気でしょう。
② きのうは 月が 昇りませんでした。
③ いいえ、きのうは 寒く なかったです。

UNIT39 | 朝 起きて、何を しますか。

▸▸ 생생 회화

橋本 : 朴씨는 아침에 일어나서 무엇을 합니까?
朴 : 저는 아침에 일어나서 30분쯤 체조를 합니다.
橋本 : 그리고 무엇을 합니까?
朴 : 샤워를 하고 아침을 먹습니다.
橋本 : 몇 시에 집을 나와 학교에 갑니까?
朴 : 7시 반에 집을 나와 학교에 갑니다.
橋本 : 학교에는 어떻게 갑니까?
朴 : 집에서 잠실까지 버스로 갑니다. 잠실에서 버스에서 내려 지하철로 갈아타고 학교에 갑니다.

▸▸ 확실하게 이해하는 문법 이야기

3 신문을 읽습니다. 그리고 아침을 먹습니다.

▸▸ 생생 듣기 연습

① 朝 起きて　② 朝ご飯
③ うちを 出て　④ バスで 行きます
⑤ 地下鉄に 乗り換えて

▸▸ 실력 꾹! 꾹! 다지기

1. ① 浴びて　② して
③ 出て　④ 食べて
2. ① シャワーを 浴びる
② 歯を みがく
③ かみを 洗う
3. ① 아침에 일어나서 배드민턴을 칩니다.
② 6시쯤 집을 나와 등산을 합니다.
③ 지하철로 갈아타고 회사에 갑니다.
4. ① 朝 起きて、体操を します。
② シャワーを 浴びて、朝ご飯を 食べます。
③ うちから 会社まで 通勤バスで 行きます。

UNIT40 | 실력 테스트 문제(2)

1. ②	2. ①	3. ②	4. ③
5. ④	6. ②	7. ③	8. ①
9. ④	10. ②	11. ③	12. ②
13. ④	14. ①	15. ③	16. ③
17. ②	18. ③	19. ①	20. ④
21. ①	22. ③	23. ③	24. ④
25. ②	26. ④	27. ①	28. ②
29. ③	30. ①	31. ②	32. ④
33. ②	34. ③	35. ④	36. ③
37. ②	38. ③	39. ①	40. ④